中职生创新创业教育

主　编　梁永年　谢飞县

副主编　张　辉　吕　闻

　　　　侯黑竹　宗淑映

参　编　余　翔　李智仪

　　　　黄巧婷　朱云初

北京理工大学出版社

BEIJING INSTITUTE OF TECHNOLOGY PRESS

内 容 简 介

本书按照创新意识、思维、精神的培养以及实战技法与创业活动的工作流程进行设计，以案例为驱动，突出问题导向，讲究实用性、可操作性，文字浅显、图文并茂，凸显学生的主体地位，强化学生的创新创业活动与训练，将创新创业素养和技能融入教学过程，以增强学生的创新意识与能力、可持续发展能力、终身学习能力和创业能力。本书适合采用案例教学法、任务教学法、小组讨论法等教法。本书包括创新创业与职业发展、激发创新意识、创新思维、创新型人才、创业意识和创业精神、初识创业、创业实训、"做好准备，制订创业计划"8个模块。

本书可作为职业院校学生公共基础课程职业模块或拓展模块教材，也可以作为企业在职人员创新创业培训教材或自学用书。

版权专有　侵权必究

图书在版编目（ＣＩＰ）数据

中职生创新创业教育 / 梁永年, 谢飞县主编. -- 北京 : 北京理工大学出版社, 2023.3

ISBN 978-7-5763-2247-7

Ⅰ.①中… Ⅱ.①梁… ②谢… Ⅲ.①创业—中等专业学校—教材 Ⅳ.①F241.4

中国国家版本馆CIP数据核字(2023)第057542号

出版发行 / 北京理工大学出版社有限责任公司
社　　　址 / 北京市海淀区中关村南大街 5 号
邮　　　编 / 100081
电　　　话 / （010）68914775（总编室）
　　　　　　（010）82562903（教材售后服务热线）
　　　　　　（010）68944723（其他图书服务热线）
网　　　址 / http://www.bitpress.com.cn
经　　　销 / 全国各地新华书店
印　　　刷 / 定州市新华印刷有限公司
开　　　本 / 889 毫米 × 1194 毫米　1/16
印　　　张 / 9.25
字　　　数 / 200 千字
版　　　次 / 2023 年 3 月第 1 版　2023 年 3 月第 1 次印刷
定　　　价 / 27.00 元

责任编辑 / 陆世立
文案编辑 / 时京京
责任校对 / 刘亚男
责任印制 / 边心超

图书出现印装质量问题，请拨打售后服务热线，本社负责调换

前言

党的十八大以来，我国持续推进大众创业万众创新发展，鼓励以创业带动就业，掀起了新一轮的创新创业热潮。党的二十大报告指出，必须坚持科技是第一生产力、人才是第一资源、创新是第一动力；要培育创新文化；完善促进创业带动就业的保障制度；创新创业教育是培养学生创新精神、提高创业能力、实现个人发展和创造自身价值的重要途径，是培养创新文化、推动大众创业万众创新的重要手段。

时下大部分中职生理解能力、逻辑思维能力、发现问题能力、信息检索能力、知识更新能力、创新知识水平较弱；但其标新立异能力、创新想象能力较强。中职生对自身提升创新创业的能力不够重视，主动阅读相关书籍数不多，对创新创业了解不深，创业意识与能力一般。较多中职学校专业课程学习、企业实践和社团活动是培养创新创业能力的主要渠道；学生更喜欢能举办创新创业活动，提供模拟实践平台；希望教师能够以理论结合实践的方法进行教学。

为在学校中培育创新文化，更好地落实促进创业带动就业的政策措施，协助兄弟学校、机构有效地开展创新创业教育提供实用性强的教材，本书组织多名工作经验丰富的专家、教师和企业创始人，结合现阶段创新创业的特点和实际情况，编写教育培训教材，以更好地帮助中职生实现创新创业梦想。

本书结合创新与创业活动的特点和中职学生的特点编写，采用篇章模块单元的结构方式，按照创新意识、思维、精神的培养以及实战技法与创业活动的工作流程进行设计，以案例为驱动，突出问题导向，坚持理论与实践结合原则，文字浅显、图文并茂，讲究实用性、可操作性，凸显学生的主体地位，强化学生的创新创业活动与训练，将创新创业素养和技能融入教学过程，以增强学生的创新意识与能力、创业能力、可持续发展能力和终身学习能力。

《中职生创新创业教育》可作为职业院校学生公共基础课程职业模块或拓展模块教材，也可以作为企业在职人员创新创业培训教材或自学用书。本书适合采用案例教学法、任务教学法、小组讨论法等教法。

本书包括创新创业与职业发展、激发创新意识、创新思维、创新型人才、创业意识和创业精神、初识创业、创业实训、"做好准备，制订创业计划"。每个模块由学习目标、案例导入、正文、课后实践等内容组成。模块与模块之间层层递进、环环相扣。当学生完成模块学习后，可以形成自主的创新思维和商业逻辑系统化的创业思维，同时具备初步完成自己的创业计划书能力。

本书的分配学时为72学时，具体分配参考建议如下：

序号	模块	参考学时
1	创新创业与职业发展	6
2	激发创新意识	6
3	创新思维	12
4	创新型人才	8
5	创业意识和创业精神	8
6	初识创业	6
7	创业实训	12
8	做好准备，制订创业计划	14
合计		72

本书由肇庆市工业贸易学校梁永年老师、谢飞县老师担任主编，并负责全书统筹、定稿；由广东省肇庆市工业贸易学校张辉老师、吕闻老师、侯黑竹老师、宗淑映老师担任副主编；由广东技术师范大学学报编辑余翔教授、肇庆市工业贸易学校李智仪老师和黄巧婷老师、肇庆市网商协会会长及砚师傅创始人朱云初担任参编。具体编写分工如下：模块一由李智仪老师编写；模块二由梁永年老师编写；模块三由余翔教授、谢飞县老师编写；模块四由宗淑映老师、黄巧婷老师编写；模块五由张辉老师编写；模块六由朱云初先生、吕闻老师编写；模块七由侯黑竹老师编写，模块八由梁永年、谢飞县编写。

在本书编写过程中，得到了广东省肇庆市工业贸易学校、广东技术师范大学学报的大力帮助与支持，广东省肇庆市网商协会、广东省肇庆市华威电子商务有限公司、广东风华高科股份有限公司人力资源、京东砚师傅旗舰店提供了很多素材并提供宝贵意见，同时参考引用了国内外部分网站、专家、学者、教师的有关资料和著作。在此表示感谢！

由于编者水平有限，书中有待商榷之处，敬请广大同行、读者批评指正。

编　者

目 录

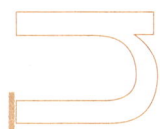

contents

模块一 创新创业与职业发展

学习目标

1.了解创新创业发展概况
2.明确为什么创新能够赢得未来
3.学习创业赋能人生知识

案例导入

2021年，中职生南亚林，因年迈的父母无力经营家庭农场，回乡帮助父母打理田地。现代农业和传统农业差别巨大，新品种、新技术不断出现，需要与时俱进才能办好农场，但父母在体力和脑力上，很难规范经营农场。回国后的南亚林主管农场经营，父母负责种养。通过积累客户、规划农田、改善设施、优化环境等一系列举措后，南亚林将农场改名为"淘果园"家庭农场，并以水果种植和畜禽养殖为主线，走出"互联网+农场+旅游"的休闲观光农业之路。

随着政策的落实，越来越多的毕业生投入这一事业中。浙江衢州的八月正值盛夏，天气闷热，南亚林一早来到农场，察看自家母鸡的产蛋情况。南亚林绝不用饲料代替天然谷物喂养，坚持"绿色、有机"的饲养模式，他农场产出的土鸡蛋、母鸡和老鸭成为深受当地人喜爱的土特产。

经过南亚林2年的努力，占地300多亩①的淘果园产值从30万元增长到了300多万元。随着淘果园的名气越来越大，他以农业社会化服务为主，建立农技知识分享平台，为农产品提供商品化、网络化和品牌化服务。利用空余时间，南亚林还对农村创业或从事电子商务的农村青年进行创业指导。

---

① 1亩=666.67平方米。

生于斯，长于斯，返乡创业的南亚林很喜欢现在生活。他回到家乡就是为了做些事情，虽谈不上富裕，但看着村里的2 000亩土地被更好地利用、村民的生活质量有所改善，他感到特别满足。今天这一变化得益于人才返乡的政策红利，农村创业创新生机勃勃。这更有利于促进人才返乡支农创业，加快农业农村现代化发展。同时，也得益于南亚林自己在创业过程中的坚持，与对这份事业的热爱。

单元一 创新创业发展概况

中国共产党第十七次全国代表大会提出"提高自主创新能力，建设创新型国家"和"促进以创业带动就业"的发展战略，提出面向全体、注重引导、分类施教、结合专业、强化实践的原则，推动学校创业教育科学化、制度化、规范化建设。

近年来，创新与创业一直是我国关注的重点。党的二十大报告强调科教兴国战略，并将教兴国战略、人才强国战略、创新驱动发展战略摆在一起，将教育、科技、人才整合到一起进行系统谋划，提出"必须坚持科技是第一生产力、人才是第一资源、创新是第一动力"，以共同服务于创新型国家建设，完善人才战略布局。由此可见，创新及科技创新与人才培养的重要性。此外，党的二十大报告还指出"建设现代化产业体系，坚持把发展经济的着力点放在实体经济上""全面推进乡村振兴，坚持农业农村优先发展……"等，为广大青年创业者借助新时代的力量与机会，找到奋斗的事业指明了方向。

党的二十大报告中指出，必须坚持科技是第一生产力、人才是第一资源、创新是第一动力，深入实施科教兴国战略、人才强国战略、创新驱动发展战略，开辟发展新领域新赛道，不断塑造发展新动能新优势。

一、创新的作用和意义

创新并不是当代的专利。关于创新，自古有之。历史和实践证明，创新是文明进化的催化剂，是历史飞跃的加速器，是事业成功的突破口。

人类社会发展的历史就是一部创新创造的历史，在几百万年中，人类经历了6次大的技术革命。

在人类的蒙昧时期，人们对于采集、打猎、防卫的需要，促使人们创造出第一种创造性成果——石器，如将石块打碎用的砍砸器、刮削器、切割器等。随着石器的广泛使用，在偶然的情况下，人们发现将两块合适的石头相互撞击会产生火花，于是开始使用火引燃木屑，随后又发明了弓箭，并产生了语言，开创了人类社会最初的文明。

到了18世纪，伴随着纺纱机和动力织布机的发明，社会对动力的要求非常迫切，于是人们根据已发现的热力学规律发明了一系列蒸汽机。瓦特经过艰苦的努力，发明出带有单独冷凝器的蒸汽机，通过改良蒸汽机的结构提高了效率又取得四项专利，使蒸汽机迅速在工业各部门得到广泛应用，进而促使能源、冶金、交通运输等各个领域都发生了翻天覆地的变化，引起了第一次工业革命。

19世纪，装订工出身的法拉第发现了电磁感应的客观规律，并设计制造出世界上第一台发电机，从而引发了一系列诸如电话、电动机、无线电报等电气设备的重大发明，从而引起了第二次工业革命。

自从1945年第一台计算机诞生，人类社会进入了一个新的时期，也就是数字化信息时代，这是第三次科技革命。第四次科技革命始于20世纪后期，以系统科学的兴起到系统生物科学的形成为标志，系统科学、计算机科学、纳米科学与生命科学的理论与技术整合，形成系统生物科学与技术体系，包括系统生物学与合成生物学、系统遗传学与系统生物工程、系统医学与系统生物技术等学科体系，将导致转化医学、生物工业的产业革命。

电子和信息技术普及应用开启了第五次科技革命之门，而随着互联网技术的普及和移动互联网的发展，全球处于半个世纪以来的又一次重大技术周期之中。自2015年开始的第六次科技革命，从科学角度看，可能是一次"新生物学革命"；从技术角度看，可能是一次"创生和再生革命"；从产业角度看，可能是一次"仿生和再生革命"；从文明角度看，可能是一次"再生和永生革命"。

可以看出，从原始社会到现代社会，人类发展至今的历史，就是一部不断征服自然、改造自然的创新史。

今天的中国高铁获得了海内外一片赞誉，都说"欲戴王冠，先承其重"，中国的高铁发展之路并没有想象中的那么顺畅。中国高铁的发展要从1978年说起。这一年，中国还在使用蒸汽线路，在不到9 000台火车中，有8 000台是蒸汽机车，就是那种冒着烟的火车，高级一点的电力机车只有不到200台。当时的条件是，蒸汽机车时速只有区区40千米，速度还不如现在的一台电动摩托车。所以对于当时的中国人来说，时速210千米、有着银色子弹头车头的日本新干线，根本就是不敢想象的逆天科技。可是当时的科研人员并不认输，他们默默地坚持，其中艰辛如人饮水、冷暖自知，日积月累这才终于研究出中国第一条具有完全自主知识产权的高铁——京津城际铁路。

二、创新和创业的关系

随着全球经济一体化进程的加快、知识经济时代的到来，创新和创业成为时代的主旋律，也成为实现经济发展的重要途径。大量的研究证明创新与创业是密不可分的实践活动。能否准确把握和处理好创新和创业的关系、架起创新和创业之间的桥梁，将直接关系到企业创业的成败，进而关系到企业发展的前途和命运。

创业和创新是人类社会发展与进步的永恒主题。当今世界已从传统工业文明向现代信息文明迈进，知识经济崛起，而知识经济的核心恰恰在于创新。在知识经济条件下，国际上综合国力的竞争越来越多地表现为创新型人才的水平和数量的竞争，创新在竞争力上的优势得以凸显。所以，创业和创新的教育与实践是培养民族创新精神的主要动力，是实现21世纪中华民族伟大复兴的关键，也是把我国巨大的人口压力转化为丰富的人力资源的根本出路。科技体制创新在我国创新体系中处于重要的地位，对企业发展具有决定性的作用。企业技术创新的发展，只有通过科技体制的不断创新，才能从根本上解决长期存在的"两张皮"现象，为企业技术创新活动的组织实施和过程管理提供必要的支撑和保障。

创新和创业是相辅相成、无法割裂的。创新是创业的手段和基础，而创业是创新的载体。创业者只有通过创新，才能使开拓的事业生存、发展并保持持久的生命力。在创业活动中，创业者需要在市场开拓、产品生产、技术改进、业务模式和管理制度等方面进行不断的探索和创新。同时，创业者需要跳出固定的思维模式，识别创业机会，只有不断变革，才能使企业立足和发展。

当下是一个"全民创新"的时代，作为当代中职生学生，更应该顺应时代，把握创新的机遇。中职生创业具有独特的优势，大学生的朝气蓬勃、激情以及"初生牛犊不怕虎"的精神，都是优秀创业者所应具备的素质；在丰富的理论知识下，无论是高技术含量的创新领域还是文化服务领域，中职生都可以调用所听所看所学来实现创业，"用智力换资本"是中职生创业的特色和必然之路。尽管创业对于中职生而言是十分具有挑战和困难的，但也应该时刻思考，并用双眼去发现新的创业之路。

三、创新与创业的融合

（1）创业在本质上是一种创新性实践活动。无论是何种性质、类型的创业活动，都有一个共同的特征，即创业是主体的一种能动的、开创性的实践活动。

（2）创业是一个从无到有的实践。尽管有人认为，创新不是创造新东西的简单缩写，而是有特定的经济学内涵的。

（3）创新是一种推陈出新的实践活动。对原有的思想理念、制度文化和科学技术进行改造、革新、突破、超越，这是一切创新的特质，而创业正是具有这种特质的实践活动。

（4）创业是具有主体能动性的实践行为。主体能动性是一切创新活动的内在动因，创业过程中的主体能动性充分体现了它的创新性特征。

四、创新与创业的总结

创新是创业的基础，创业是创新的载体。创新是对人的发展总体的把握，创业注重的是对人的价值具体的体现。仅仅具备创新精神是不够的，它只是为创业成功提供了可能性和必要的准备，如果脱离创业实践，缺乏一定的创业能力，创新精神也就成了无源之水、无本之木。创新精神所具有的意义，作用于创业实践活动，才有可能最终实现创业的成功。因此，创业与创新要有机融入，相辅相成。

五、创新创业发展现状

目前，创新创业是全社会的热点话题。各地方政府纷纷出台扶植双创的政策，营造公平竞争的环境，"要为创新创业者站台"，我国的创业精神与创业热情呈现出前所未有的蓬勃气势。

（一）政策支持，创业潮兴起

近年来，为加快实施创新驱动发展战略，适应和引领经济发展新常态，顺应网络时代大众创业、万众创新的新趋势，加快发展众创空间等新型创业服务平台，营造良好的创新创业生态环境，激发亿万群众创造活力，打造经济发展新引擎，我国出台了系列鼓励和支持创新创业的政策性文件。主要围绕着以下几个重点开展创新创业的支持和鼓励工作。

1. 加快构建众创空间

总结推广创客空间、创业咖啡、创新工场等新型孵化模式，充分利用国家自主创新示范区、国家高新技术产业开发区、科技企业孵化器、小企业创业基地、大学科技园和高校、科研院所的有利条件，发挥行业领军企业、创业投资机构、社会组织等社会力量的主力军作用，构建一批低成本、便利化、全要素、开放式的众创空间。发挥政策集成和协同效应，实现创新与创业相结合、线上与线下相结合、孵化与投资相结合，为广大创新创业者提供良好的工作空间、网络空间、社交空间和资源共享空间。

2. 降低创新创业门槛

深化商事制度改革。针对众创空间等新型孵化机构集中办公等特点，鼓励各地结合实际，简化住所登记手续，采取一站式窗口、网上申报、多证联办等措施为创业企业工商注册提供便利。有条件的地方政府可对众创空间等新型孵化机构的房租、宽带接入费用和用于创业服务的公共软件、开发工具给予适当财政补贴，鼓励众创空间为创业者提供免费高带宽互联网接入服务。

3. 鼓励科技人员和大学生创业

加快推进中央级事业单位科技成果使用、处置和收益管理改革试点，完善科技人员创业股权激励机制。推进实施大学生创业引领计划，鼓励高校开发开设创新创业教育课程，建立健全大学生创业指导服务专门机构，加强大学生创业培训，整合发展国家和省级高校毕业生就业创业基金，为大学生创业提供场所、公共服务和资金支持，以创业带动就业。

4. 支持创新创业公共服务

综合运用政府购买服务、无偿资助、业务奖励等方式，支持中小企业公共服务平台和服务机构建设，为中小企业提供全方位专业化优质服务，支持服务机构为初创企业提供法律、知识产权、财务、咨询、检验检测认证和技术转移等服务，促进科技基础条件平台开放共享。加强电子商务基础建设，为创新创业搭建高效便利的服务平台，提高小微企业市场竞争力。完善专利审查快速通道，对小微企业亟须获得授权的核心专利申请予以优先审查。

5. 加强财政资金引导

通过中小企业发展专项资金，运用阶段参股、风险补助和投资保障等方式，引导创业投资机构投资于初创期科技型中小企业。发挥国家新兴产业创业投资引导基金对社会资本的带动作用，重点支持战略性新兴产业和高技术产业早中期、初创期创新型企业发展。发挥国家科技成果转化引导基金作用，综合运用设立创业投资子基金、贷款风险补偿、绩效奖励等方式，促进科技成果转移转化。发挥财政资金杠杆作用，通过市场机制引导社会资金和金融资本支持创业活动。发挥财税政策作用，支持天使投资、创业投资发展，培育发展天使投资群体，推动大众创新创业。

6. 完善创业投融资机制

发挥多层次资本市场作用，为创新型企业提供综合金融服务。开展互联网股权众筹融资试点，增强众筹对大众创新创业的服务能力。规范和发展服务小微企业的区域性股权市场，促进科技初创企业融资，完善创业投资、天使投资退出和流转机制。鼓励银行业金融机构新设或改造部分分（支）行，作为从事科技型中小企业金融服务的专业或特色分（支）行，提供科技融资担保、知识产权质押、股权质押等方式的金融服务。

7. 丰富创新创业活动

鼓励社会力量围绕大众创业、万众创新组织开展各类公益活动。继续办好中国创新创业大赛、中国农业科技创新创业大赛等赛事活动，积极支持参与国际创新创业大赛，为投资机构与创新创业者提供对接平台。建立健全创业辅导制度，培育一批专业创业辅导教师，鼓励拥有丰富经验和创业资源的企业家、天使投资人和专家学者担任创业导师或组成辅导团队。鼓励大企业建立服务大众创业的开放创新平台，支持社会力量举办创业沙龙、创业大讲堂、创业训练营等创业培训活动。

8. 营造创新创业文化氛围

积极倡导敢为人先、宽容失败的创新文化，树立崇尚创新、创业致富的价值导向，大力培育企业家精神和创客文化，将奇思妙想、创新创意转化为实实在在的创业活动。加强各类媒体对大众创新创业的新闻宣传和舆论引导，报道一批创新创业先进事迹，树立一批创新创业典型人物，让大众创业、万众创新在全社会蔚然成风。

（二）经济环境为创新创业提供了基础条件

1. 原材料供应

我国各类资源的可获得能力显著提升。随着"互联网+"及市场细分的发展，新创企业在原材料供应上一般不存在困难。对于直接从事新能源产业、新技术应用材料的新创企业，可能需要专门定向采购基础材料并在原材料基础上进行创新加工。对于新创企业来说，最关键的问题不在于原材料供应，而是新创企业的核心技术产品定位及商业模式创新，创新能力和产品的比较优势是新创企业需要考虑的核心议题。

2. 基础设施

我国的基础设施建设处于世界领先水平，在招商引资上具有国际比较优势。很多地区的产业园区基础设施建设标准基本可都达到"六通一平"标准及以上，供水、排水、路、电、气、通信已经成为产业投资的标配。新创企业一般无须担心在基础设施上存在制约和障碍。但是，在选择企业地理区位时，不仅要看"硬件"的基础设施，还要看"软件"的基础设施。比如，关注投资区域的产业链条是否完备、产业集群规模是否显现、产业竞争力是否具备等。如果新创企业在投资区域可以相对容易地获得来自产业链上下游企业的支持，就能够极大地降低产业成本，提高产业效率，并且能够形成区域经济内的产业协同发展。

（三）需求导向下的技术创新为创新创业提供广阔的市场

与传统工业经济的技术提升带动产业发展不同，互联网更多的是以应用和模式创新的方式来推动经济发展，这导致互联网经济更加关注消费市场、关注消费者的满足程度，加重了互联网时代"买方市场"的市场格局特征。"互联网+"的提出，把互联网的创新成果与经济社会各领域深度融合，推动技术进步、效率提升和组织变革，提升实体经济创新力和生产力，形成更广泛的以互联网为基础设施和创新要素的经济社会发展新形态。在全球新一轮科技革命和产业变革中，互联网与各领域的融合发展具有广阔前景和无限潜力，已成为不可阻挡的时代潮流，正对各国经济社会发展产生着战略性和全局性的影响。积极发挥我国互联网已经形成的比较优势，把握机遇，增强信心，加快推进"互联网+"发展，有利于重塑创新体系、激发创新活力、培育新兴业态和创新公共服务模式，对打造大众创业、万众创新和增加公共产品、公共服务"双引擎"，主动适应和引领经济发展新常态，形成经济发展新动能，实现中国经济提质增效升级具有重要意义。

伴随着互联网的价值经济的挖掘，互联网经济下的供给和需求都在发生着重要变化。消费需求呈现自主性、个性化、多样化、现实性、互动性等时代特征。为适应需求的变化，我国提出了供给侧改革的改革思路，在适度扩大需求和适应需求的"两适"思路下，开展供给侧的结构调整。在这样的环境下，创新创业作为解决需求中的"痛点"问题的手段，正逐步发展成为一种时代潮流。

（四）创新创业教育和培训的蓬勃发展

创新创业教育是培养人的创新创业精神、创新创业意识、创意思维和技能等创新创业综合素质，使被教育者具有一定的创新和创业能力的教育。创新创业教育被联合国教科文组织称为教育的"第三本护照"，被赋予了与学术教育、职业教育同等重要的地位。党中央和国务院一直十分重视大学生创新创业工作。早在1999年1月，国务院就批转了教育部《面向21世纪教育振兴行动计划》，正式提出了要"加强对教师和学生的创业教育，鼓励他们自主创办高新技术企业"。

1. 国外创新创业教育

培养创新型人才已经上升至国家战略的高度，也是提高我国综合国力的重要手段之一。

早在1972年，联合国教科文组织在《学会生存》的报告中，就提出创业素质应成为公民的基本素质。近20年来，创业教育在世界上已逐渐被各国重视，美、英、法、日等国的创业教育均已推广到初中甚至小学。作为最早开展创新创业教育的国家，美国至2005年已有1 600多所院校开设了创业课程，同时形成了系统的创业教育计划；而英国政府更是要求中学就开设创业课程；法国则成立了创业计划培训中心（CEPAC）；德国、日本也积极开展创业教育并开办创业大赛。

2. 国内的创新创业教育

对有创业意愿的学生，开设创业指导及实训类课程。对已经开展创业实践的学生，开展企业经营管理类培训。要广泛举办各类创新创业大赛，支持高校学生成立创新创业协会、创业俱乐部等社团，举办创新创业讲座论坛。这些文件精神为我们开展创新创业教育工作提供了创新的思路和制度保证。

3. 创业培训的多种形式和巨大作用

创业培训是一个国家创业成熟度高低的重要标志，更是一个国家和地区创业能力强的原因之一。对中小企业实施创业辅导是世界各国、各地区政府所普遍采用的一种通行做法。据不完全统计，有70%左右的美国企业在创立之初曾得到过美国小企业局（SBA）的资助和辅导。在我国台湾地区，绝大部分中小企业特别是资讯科技企业都得益于创业综合辅导计划。在我国香港地区，不仅设有提供创业辅导的公共服务平台，而且政府相关部门都设有中小企业服务机构，有七成以上的中小企业接受过政府的创业辅导和援助。我国依据《中小企业促进法》赋予各级政府部门的职责中，已经将建立中小企业创业培训体系作为完善城市功能、实现国家长治久安的重要举措。并已确定了深圳等一批试点城市，还拨出专款设立"民营与中小企业发展专项资金"，重点支持建立各类中小企业。创业者利用好这样的平台就可能演绎出无数创业快速崛起的神话。

创业培训是对具有创业意向和创业条件的人员，进行提升创业能力的一种培训。当前，在全民的创业热潮中，我国的创业培训正在兴起。主要分为三种层次。一是对具有创业条件的或是准备创业的人员组织开展"创业基础知识"为主要内容的理论知识和实际操作技能的培训；二是引入国际化培训课件；三是对创业能力提升进行心理评测的探索。

单元二　创新赢得未来

创新是一个民族进步的灵魂，是国家兴旺发达的不竭动力；当今世界的综合国力竞争，归根结底是科技实力的竞争、高素质人才的竞争。

一、培养学生的创新精神和创新能力有助于推动创新型国家建设

在"大众创业、万众创新"背景下，学生群体作为整个社会最具活力和创造力的高素质人力资源，代表着国家的未来和经济社会发展的不竭动力，培养学生创新能力是建设创新型国家和落实"科教兴国"战略的需要。一个拥有创新能力和大量高素质人才资源的国家，将具备发展知识经济的巨大潜力。大力培养学生创新能力，可以为社会输送一大批具有创新思维的新青年，能有效地维持和推动国家创新体系的建立，符合我国科教兴国和建设创新型国家的发展战略。

二、创新——帮助中职学生赢得未来

有道是"行行出状元"。青岛港码头工人许振超刚参加工作时只有初中文凭，经过30年的苦学苦钻，成为响当当的桥吊专家；上海液压泵厂数控机床调试工李斌原是技校毕业，他通过不懈的努力，成长为高技能的专家型人才；张瑞敏仅高中毕业，却创立了海尔这一民族工业品牌；高小毕业的普通农民王乐毅，通过创新大棚蔬菜种植技术，掀起了一场种植业的革命……他们的成功，是对新的成才观的最好注解。

胡初平是新昌县第一职业中学机电专业96届毕业生，1998年加入万丰奥特控股集团公司。他敢于创新、乐于创新、善于创新，从一名普通的机修工迅速成长为公司的技术骨干，从机修主管—技改科科长—煤气站站长—煤气站长兼合金车间主任，到现在的能源设备部经理，为万丰奥特控股集团公司和社会创造了巨大的效益，成为公司技术创新和管理创新的榜样。

胡初平在万丰工作期间，勤奋好学，通过业余进修获得了本科学历，在技能上精益求精，现已成为高级技师。学历和技能只是他成功的基础，创新才是他成功的关键。由于在机修工岗位上肯钻研、会创新，生产车间的许多工装夹具经他技术改进，工作效率大增。2006

年他被任命为公司主管技术革新的技改科长，专门致力于技术革新。在这岗位上，他累计实施技术革新30余项，每年为公司创造效益近1 000万元。由他发明的管道快速连接技术克服了行业难题；煤气发生炉蒸汽改造再利用项目被评为绍兴市十佳金点子奖、浙江省节能减排优秀合理化建议和全国总工会节能降耗优秀成果奖，每年可为公司创造价值300多万元；诸如此类的创新发明举不胜举。他曾多次获得技术革新优秀成果奖，获得多个国家发明及实用新型专利，先后被企业评为先进个人、优秀车间主任、十大感动万丰人物、万丰首届135专业型人才、绍兴市首届十佳最感动企业的好员工、绍兴市知识型职工标兵、绍兴市职业技能带头人等，2010年被集团公司聘为135技能类专家型人才。中职毕业生胡初平通过创新踏上了成才之路，为公司和社会作出了贡献，创造了财富。公司也给胡初平以重奖：奖励一辆30多万元的宝马轿车。中等职业学校培养的学生直接面向生产一线，未来将是企业技术应用的骨干力量。如果掌握了创新技法，能够在工作中提出合理化建议、进行技术革新，将会给企业带来技术和制度上的创新，从而大大增强企业的竞争力。

三、中职学生要大胆创新

你有梦想吗？如果你有梦想，有对美好未来的憧憬，那么你就能创新。

你热爱生活吗？如果你热爱生活，希望享受生活的所有乐趣，那么你就能创新。

你愿意思考吗？如果你愿意思考，你会找到解决问题的答案，那么你就能创新。

你勤于实践吗？如果你勤于实践，你就会解决你面临的问题，那么你就能创新。

提起创新，我们往往想到的是专家的杰作或者是天才的灵光闪现。实际上，创新并不像人们想象的那样神秘。综观人类生生不息的创新实践，环顾我们四周比比皆是的创新实例——生活中的创新，学习中的创新，工作中的创新，可以说，创新就在我们身边。

创新绝不是部分人的"特权"。事实上，每个人都需要创新，每个人都能够创新。据当代脑科学研究，人脑的神经细胞超过100亿个，这些细胞又借助神经突触形成盘根错节的联系，能储存的信息比北京图书馆总的藏书还要多。但一个正常人大脑的开发水平还很低，有科学家认为大脑的潜能只开发了不到10%，即使是杰出人才也至多开发了30%左右。所以，我们每一个人都有很大的发展与成长空间。

受传统文化的影响，我国的学校教育存在着严重的应试教育倾向，不利于年轻一代的成长。近年来，社会各界在热议"钱学森之问"。著名科学家钱学森在晚年提出一个十分尖锐的问题："为什么我们的学校总是培养不出杰出人才？"答案可能有许多，但学校教育只强调知识传授，忽视了学生能力的培养，尤其是创新能力的培养，是关键所在。早在1986年，中国科学院心理学研究所的专家曾在北京分别对幼儿园的幼儿和大学的学生进行一项测试：先用粉笔在黑板上画了一个圆圈，然后问这是什么。结果幼儿的回答达140多种，如像太阳、像花猫的大眼睛等，许多答案充满了想象力；而大学生几乎集中在一个答案，即这是直径大约2厘米的圆圈。

湖北曾出现一个名叫邵树人的青年，十七岁时当上了公路的养路工，但他矢志创新，在工作之余刻苦钻研，设计制造了集成式远红外路面加热器和太阳能自动跟踪加热渣油装置，不仅降低了成本、节省了能源，而且大大提高了工作效率，引起了中外专家的高度重视，还被邀请参加了国际太阳能热应用的学术讨论会。

四、中职学生创新的优势

中等职业学校开展创新活动具有许多得天独厚的优势。

（一）学生自身优势

从学习内容看，中职学生学习的内容更广泛，不仅要学习语文、数学等文化基础课，不同专业的学生还要学习相应的专业课，并且都要进行实习实训，学习专业实践技能，提高动手能力，有的专业学生甚至是一专多能。理论学习和实践训练的有机结合，可以有效促进创新能力的培养。

从学习目的看，中职学生追求的是学以致用、学用结合，直接为就业打基础，可以有更多的机会来开展创新活动，不像普通中学那样以升学为主要目标，没有时间和精力进行创新，因而中职学生创新思维更加活跃、动手能力更强，更有利于进行创新实践。

（二）师资优势

中职学校专业设置类别多，不但有文化课教师，还有不同专业特长的专业教师和实习指导教师，有许多教师还是"双师型"教师，即能执教理论课，又能指导实践技能操作，还有不少教师是一专多能的复合型教师。中职专业的多样性和教师"能文能武"的专业技能素质，对指导学生开展创新活动显示了极大的优越性。

（三）设施设备优势

目前，国家十分重视职业教育，加大了对中职学校的基础建设，中职学校都拥有大量的实习实训的设施和设备，不但能满足学生技能训练的需要，而且能满足学生开展创新活动和制作创新作品的需要。

（四）校企合作优势

许多中职学校都坚持以就业为导向，积极开展校企合作，学校与企业的联系更为紧密，企业的实际需求可以成为中职学校创新实践的课题，校企双方各自创新活动的开展可以使校企合作更紧密、更有效，最后达到共赢甚至多赢。

某中职学校与当地的企业有着紧密的合作关系。有一次，该校承接了某企业零件加工任务。最初学校参照企业加工这种零件的方法，用一个平口钳装夹一个零件进行加工。但不久学生就发现，采用这种方法生产，工作量很大但效率却很低，便设法进行工序改进。他们充分结合平口钳与压板的特点，巧妙地将两者组合起来，用压板固定7个夹具，这样一次能同时加工7个零件，从而大大地提高了生产效率，缩短了加工时间。企业对这项发明给予高度评价，因为此前企业就是因为这道加工工序效率太低而时常延误产品交付时间，导致信誉和经济的双重损失。

单元三　创业赋能人生

学生是最具创业潜力的群体之一，学生是实施创新驱动发展战略和推进大众创业、万众创新的生力军，培养和提升学生创业能力、营造良好的创业环境，是推动国家建设的关键所在。学生毕业后自主创业将成为一种时尚，成为学生自我实现的一个重要途径。

一、有助于提高学生的综合素质、竞争意识和生存能力

在全球化条件下，我国人力资源市场竞争日益激烈。企业招聘学生，既要看毕业学校，还要看学生实践经验，而实践能力水平的高低成为用人单位选贤任能的重要标准之一。学生可以通过自主创业这一平台提高他们的实践能力，积累更多实践的经验以及社会经验，提前为毕业后进入好公司打好基础。通过专业知识与创业实践相结合，提升学生的创业能力，对提高学生综合素质和高等教育整体水平而言，无疑是最为经济的途径之一。毕业生通过自主创业，可以把自己的兴趣与职业紧密结合，做自己最感兴趣、最愿意做和自己认为最值得做的事情。在五彩缤纷的社会舞台中大显身手，最大限度地发挥自己的才能。

二、有助于缓解就业压力

对各地学生创业状况的调查显示，一人创业平均可创造5~10个就业岗位。一方面，有助于缓解社会就业压力；另一方面，学生创办企业大多属于服务业。调查显示，学生创业所处行业依次为零售、餐饮、批发、文化、体育和娱乐、制造业、农林牧渔、软件和信息技术等23个行业。显然，鼓励学生创新创业，不仅能有效地把就业压力转化为创业动力，还有助于产业结构优化。

三、成为创业型人才

社会对创业型人才的需求越来越大，学生越来越需要转型。如今有些人只是将工作当作生存的手段，不在乎工作的价值和意义，时常感觉工作无趣、人生迷茫。其实，每一份工作都是在为他人、社会创造价值，如果学生能够以创业为导向，从事业和人生的层次去考虑工作，就会有不一样的发现。事实上，大学生若以创业为导向，将更容易寻找到自己的人生发展机会，获得更宽阔的发展途径。即便已经入职某企业，这类学生也能通过企业内创造，找到人生的新方向，成就一番事业，成为社会需要的创业型人才。

万丈高楼起于垒土，千里之行始于足下。为了适应多变的社会需要，学生应当开始转型。

（1）行动与尝试。学生可以尝试一些新的工作机会，进行体验与反思。如果不能离开本职工作，学生也可以在现有工作的领域中寻找发展机会。也可以利用业余时间创业，如利用

网络平台创业、和他人合伙开店等。但是需要注意的是，不要影响学习。

（2）社交转型。在一个环境待太久之后，学生将渐渐缺少可以学习或深度交流的对象，这时候可以进行社交转型，在熟悉的社交圈外构建新的人际网络。这样的交往或许能为学生带来新的思考。

（3）发现工作的新意义。创业导向的转型并不代表一定要换工作或者创办企业，学生通过挖掘工作的价值、发现工作的新意义，也可以为自己带来新的动力与发展空间。

四、创业——创造自己喜爱的人生

对于一个立志创业的学生而言，创业可以让其充分发挥创造性，帮助其真正了解自己，创造自己喜爱的人生。

（一）创业人生观

人生观是人们对人生目的、人生态度、人生价值等问题的总观点和总看法。正确的人生观能够客观地反映人生的本质和人的发展一般规律，可以帮助人们明确人生目的、端正人生态度、实现人生价值。创业人生观则是指人们对于创业的人生态度。对于人生价值、人生规划，每个人都有不同的思考，有的人喜欢走"别人走过的路"，有的人喜欢走"没被人走过的路"，有的人甚至"不喜欢走路"。但广大学生需要明白，这个世界在不断地变化发展，未来不只是过去的延续，人类在不断地创新创造。

同理，人类也只是未完成塑造的"动物"，这种未定型性反而成就了我们，因为我们可以探索多方面的可能性，并能在不断的实践中完善自己。同时，生命的不确定性也要求我们不断超越自己、追求卓越，实现更高的生命价值，体验更美好的人生。正如尼采所说，人的本身只是一种"试验"，人永远掌握着自己的命运，在不断进行选择，并在每一次自我超越、自我创造时，赢得再创造的自由。

另外，学生创业者还应树立"成功由个人定义"的人生观。几年前，"北大毕业生长安卖肉""'90后'大学生返乡养猪"等颇受争议。实际上，养殖业已经在向技术化和智能化发展，养猪已不再是人们以往认为的没有技术含量的低层次"苦力活"。以前不少人认为学生留在大城市、做企业管理者、在都市创业才是成功，而现在不少学生返乡创业，这也诠释了他们对成功的另一种定义。

例如，2021年获得"全国脱贫攻坚先进个人""全国三八骑手"的齐晓景，大学一毕业便选择回到家乡，带领村民发家致富。虽然她的家人都认为农村人走出去才有出息，但齐晓景认为在农村同样能实现自己的价值。她在家乡利用大棚种植食用菌，并不断了解、开发、引进新的蔬菜品种，如草莓西红柿、黄金钩豆角、反季葡萄等。其开发冷棚设施农业和引进新蔬菜品种的做法改变了当地的种植结构；后续打造的"开心农场"，在采摘园基础上拓展的体验黏豆包制作、认领土地等项目，还带动了当地乡村旅游的发展。

（二）创业梦想

许多人都有过各种各样的梦想，但最终有没有真正实现，就不得而知了。虽然没有梦想依然可以生活，但有梦想并愿意追梦的人的人生会更精彩一些，无论他的梦想是大是小。

在创业的路上，总有许多追梦人。例如，曾参与设计、制作全球首款可进行人工智能体育陪伴的羽毛球机器人、并与其他人联合创业的"90后"女博士黄山；创建残疾人品牌"一起走吧"，并凭借水果电商创造销售奇迹的残疾人杨添财……这样的创业者在我们身边不断涌现，他们的顽强拼搏、奋发向上的精神值得我们学习。

大学生也应该勇于创梦、追梦，成为创业路上的行路者，做一个勇敢的逐梦人。

拓展阅读

2020年10月，四川电子科技大学电子科学与技术专业的硕士研究生刘沈厅回乡成功创业的短视频，引起了网友的广泛关注。

2015年，刘沈厅研究生毕业，不仅获得了公派加拿大皇家科学院继续深造读博的机会，还成功留校成为一名高校辅导员，前途一片大好，初入大学时许下的愿望"留在大城市"可以说已经能实现了。然而，母亲因病去世的噩耗让刘沈厅体会到亲情的可贵，产生了不愿远走他乡的想法。当时，他的家乡眉山市彭山区作为农业大区，建设了许多特色农业基地，这激起了刘沈厅的创业热情。他看好农业的发展前景，坚持要留在农村，而这也是他喜欢的领域。这种对农业创业的热忱与追求使得他在面对外界的质疑时内心仍无比坚定，他认为青春无处不精彩，只要认准方向，付出心血，一定会有收获。事实也证明了这一点。

2016年，返乡不久的刘沈厅在李山村流转了130亩土地，用来种植猕猴桃和柑橘。他本来以为直接请当地有经验的人负责技术、生产，自己负责管理、找销路，创业就能很快走上正轨，没想到不久80亩猕猴桃树无一存活。这让刘沈厅意识到，农业创业并不简单。2017年7月，刘沈厅拿着通过政府协调得来的30万元贷款，重新种上了耙耙柑。这一次，刘沈厅不仅搬到了农场住，还报名参加了当地政府组织的农业技术培训班，开始没日没夜地学习，还拜四川省农科院柑橘专家陈克玲教授为师，不断弥补自身短板，不到一年便获评"中级农技师"。

因为柑橘3年后才能挂果，中间成本较高，于是刘沈厅开始琢磨让耙耙柑提前挂果的方法，终于发现树体的大小是影响挂果快慢的关键。因此，他在搜集研究秋冬两季气象资料的基础上，选择不剪秋冬所生新芽，并改良原有的插箭式滴管，去掉滴头，在管道上打孔以让喷洒的水肥尽量多地覆盖到树体，最终猕猴桃树成功提前一年挂果，亩产达4 000千克，销售额达300多万元。在卖完耙耙柑之后，他发现阳光玫瑰葡萄在成都能卖到每千克50多元，这让他发现了商机。由于彭山区日照条件不满足阳光玫瑰葡萄的光照需求，为此，他放弃了原有的传统立式葡萄架，采用"V"形葡萄架，并将果园铺设的塑料地膜换成反光膜，以增加葡萄的受光面积。在葡萄成功挂果之后，他考虑到该水果市价较高，难以在当地市场卖出好价，便与之前在浙江参与学习培训时结识的水果经销商达成合作，成功将阳光玫瑰葡萄卖到了全国各地，扩大了耙耙柑的销路。2019年，刘沈厅的果园实现了营收150多万元。不少果农过来"取经"，刘沈厅毫无保留地向他们分享了自己的经验，指导大家种植，已有不少果农在其帮助下种上了优质柑橘。2019年10月，刘沈厅被推选为彭山区果业商会副会长兼秘书长。2020年，刘沈厅等商会骨干实施了"零接触式"柑橘销售新模式，在当地政府的支持下，还建立了一个"线上+线下"的柑橘销售中转站，在半月内成功销售出3 750吨①柑橘。

受这次销售方式的启发，2020年5月，刘沈厅主导开发了"彭山数字农业服务平台"，整合了当前的直播、小程序、公众号等新媒体矩阵资源，使客商和消费者获得了"购前咨询、购中配套、购后无忧"的一站式购买服务，让整个行业实现了信息互联互通、产业共荣共生。在当地政府的支持下，刘沈厅准备联合高校和科研机构，运用大数据、人工智能等现代信息技术，建设一个占地面积百余亩的智慧果园项目，让农业更加智能化。

---

① 1吨=1 000千克。

活动主题：创业故事大赛

活动内容：古往今来的创业者们给我们留下了丰富的创业故事。通过这些真实的故事，同学们能更深刻地认识到创业是一件什么样的事情。本活动将通过比赛的形式，引导同学们在真实事例中体会创业。

（1）材料收集。同学们自主收集相关材料，整理出一个关于创业的真实故事。

（2）故事讲述。同学们依次站到讲台上，将自己准备的故事讲给全班同学听。

（3）撰写感想。同学们通过撰写关于参加该活动的感想，总结自己对创业产生的新认识，以及自己将准备如何成为创业型人才。

模块二 激发创新意识

学习目标

1. 了解创新的概念
2. 学会如何培养创新意识
3. 掌握提升创新能力的方法

案例导入

某著名国画师，曾荣获多个奖项。然而，面对已经取得的成功，他并不满足，而是不断汲取历代画家的长处，不断改进自己作品的风格。他35岁以后的画，明显不同于35岁以前。40岁以后，他的画风又变了一次。50岁以后，他的画风再度变化。可以说，这位画师一生中几易画风。正因为这位画师在成功后，能仍然马不停蹄地改变、创新，所以他晚年的作品比早期的作品更完美成熟，也形成了自己独特的流派与风格。他告诫弟子"学我者生，似我者死"。他认为，画家要"我行我道，我有我法"。就是说，在学习别人长处时，不能照搬照抄，而要创造性地运用，不断发展，这样才会赋予艺术以鲜活的生命力。虽然画师的故事是个例，却让人们看到了一个大世界、悟出了一个大道理：创新是发展的源泉，创新是发展的动力；依靠创新，机遇无限。

在全面建成小康社会、实现民族复兴的中国梦的今天，必须善于创新，必须勇于创新，只有不断弘扬创新精神、推进创新举措，才能开创越来越广阔的发展前景。

单元一　认识创新

创新是一个民族进步的灵魂，是一个国家兴旺发达的不竭动力。十八大以来关于科技创新的重要讲话也告诉人们："科技是国家强盛之基，创新是民族进步之魂。"

近代以来，人类文明进步所取得的丰硕成果，主要得益于科学发现、技术创新和工程技术的不断进步，得益于科学技术应用于生产实践中形成的先进生产力，得益于近代启蒙运动带来的人们思想观念的巨大解放。可以这样说，人类社会从低级到高级、从简单到复杂、从原始到现代的进化历程，就是一个不断创新的过程。不同民族发展的速度有快有慢，发展的阶段有先有后，发展的水平有高有低，究其原因，民族创新能力的高低是主要因素之一。

一、创新的概念

什么是创新？简单地说就是利用已存在的自然资源或社会要素创造新的矛盾共同体的行为，或者可以认为是对旧有的一切所进行的替代、覆盖。一般意义上，创新是指在判断或改变旧事物的过程中做出新的发现、提出新的见解、开拓新的领域、解决新的问题、创造新的事物，或者能够对前人、他人已有的成果为了某种目的进行创造性应用。简单地说，创新就是创造新事物。这里的"新事物"，包括新产品、新技术、新思想、新方法、新的教育方法、新的管理模式、新的用人机制、新的经济体制等，涵盖了所有有形事物、无形事物、物质文明成果和精神文明成果。

创新是以新思维、新发明和新描述为特征的一种概念化过程，起源于拉丁语。它原意有三层含义：更新、创造新的东西、改变。创新是人类特有的认识能力和实践能力，是人类主观能动性的高级表现形式，是推动民族进步和社会发展的不竭动力。一个民族要想走在时代前列，就要一刻也不能停止理论创新。创新在经济、商业、技术、会计学以及建筑学等领域的研究中有着举足轻重的作用。

创新概念起源于经济学家熊彼特1912年出版的《经济发展概论》。熊彼特提出，创新是指把一种新的生产要素和生产条件的"新结合"引入生产系。它包括4种情况：引入一种新产品，引入一种新的生产方法，开辟一个新的市场，获得原材料或半成品的一种新的供应来源。熊彼特的创新概念包含的范围很广，如涉及技术性变化的创新及非技术性变化的组织创新。

到20世纪60年代，新技术革命迅猛发展。美国经济学家华尔特·罗斯托提出了"起飞"六阶段理论，将"创新"的概念发展为"技术创新"，将"技术创新"提高到"创新"的主导地位。

1962年，由伊诺思在《石油加工业中的发明与创新》一文中首次明确地对"技术创新"下了定义："技术创新是几种行为综合的结果，这些行为包括发明的选择、资本投入保证、组织建立、制订计划、招用工人和开辟市场等。"伊诺思是从行为的集合的角度来下定义的。而首次从创新时序过程角度定义技术创新的林恩认为，技术创新是"始于对技术的商业潜力的认识而终于将其完全转化为商业化产品的整个行为过程"。

美国国家科学基金会（National Science Foundation，NSF）从20世纪60年代开始组织对技术的变革和技术创新的研究，迈尔斯和马奎斯作为主要的倡议者与参与者，在其1969年的研究报告《成功的工业创新》中将创新定义为技术变革的集合，认为技术创新是一个复杂的活动过程，从新思想、新概念开始，通过不断地解决各种问题，最终使一个有经济价值和社会价值的新项目得到实际的成功应用。到20世纪70年代后半期，他们对技术创新的界定范围大大扩宽了，在NSF报告《1976年：科学指示器》中，将技术创新定义为"将新的或改进的产品、过程或服务引入市场"，明确地将模仿和不需要引入新技术知识的改进作为最终层次上的两类创新划入技术创新定义范围。

20世纪七八十年代，有关创新的研究进一步深入，开始形成系统的理论。厄特巴克在20世纪70年代的创新研究中独树一帜。他在1974年发表的《产业创新与技术扩散》中认为：

"与发明或技术样品相区别，创新就是技术的实际采用或首次应用。"缪尔赛在20世纪80年代中期对技术创新概念进行了系统的整理分析。在整理分析的基础上，他认为"技术创新是以其构思新颖性和成功实现为特征的有意义的非连续性事件"。

著名学者弗里曼把创新对象基本上限定为规范化的重要创新。他从经济学的角度考虑创新，认为技术创新在经济学上的意义只是包括新产品、新过程、新系统和新装备等形式在内的技术向商业化实现的首次转化。他在1973年发表的《工业创新中的成功与失败研究》认为："技术创新是一个技术的、工艺的和商业化的全过程，其导致新产品的市场实现和新技术工艺与装备的商业化应用。"其后，他在1982年的《工业创新经济学》修订本中明确指出，技术创新就是指新产品、新过程、新系统和新服务的首次商业性转化。20世纪80年代以来，我国也开始了技术创新方面的研究，傅家骥先生对技术创新的定义是企业家抓住市场的潜在赢利机会，以获取商业利益为目标，重新组织生产条件和要素，建立起效能更强、效率更高和费用更低的生产经营方法，从而推出新的产品、新的生产（工艺）方法、开辟新的市场，获得新的原材料或半成品供给来源或建立企业新的组织，它包括科技、组织、商业和金融等一系列活动的综合过程。此定义是从企业的角度给出的。彭玉冰、白国红也从企业的角度为技术创新下了定义："企业技术创新是企业家对生产要素、生产条件、生产组织进行重新组合，以建立效能更好、效率更高的新生产体系，获得更大利润的过程。"

进入21世纪，在信息技术推动下，知识社会的形成及其对技术创新的影响进一步被认识，科学界进一步反思对创新的认识：技术创新是一个科技、经济一体化的过程，是技术进步与应用创新"双螺旋结构"（创新双螺旋）共同作用催生的产物，而且知识社会条件下以需求为导向、以人为本的创新2.0模式进一步得到关注。《复杂性科学视野下的科技创新》在对科技创新复杂性分析基础上，指出了技术创新是各创新主体、创新要素交互复杂作用下的一种复杂涌现现象，是技术进步与应用创新的"双螺旋结构"共同演进的产物；信息通信技术的融合与发展推动了社会形态的变革，催生了知识社会，使传统的实验室边界逐步"融化"，进一步推动了科技创新模式的嬗变。完善科技创新体系急需构建以用户为中心、以需求为驱动、以社会实践为舞台的共同创新、开放创新的应用创新平台，通过创新双螺旋结构的呼应与互动形成有利于创新涌现的创新生态，打造以人为本的创新2.0模式。《创新2.0：知识社会环境下的创新民主化》进一步对面向知识社会的下一代创新，即创新2.0模式进行了分析，将创新2.0模式总结为以用户创新、大众创新、开放创新、共同创新为特点的，强化用户参与、以人为本的创新民主化。

二、创新的过程

创新的过程一般分为四个阶段：准备阶段、思考阶段、顿悟阶段和验证阶段。

对于企业来说，创新一般可以分为以下几类。

（一）产品创新

产品创新是指推出一种能够满足顾客需要或解决顾客问题的新产品。产品创新是新经济企业发展的动力。作为企业，产品创新永远是生存必不可少的手段。产品创新的结果便是促动企业不断设计、生产出市场需求的各种新产品。可以说，产品创新是技术创新的延续和深入。

（二）工艺创新

工艺创新是指企业对产品的加工过程、工艺路线以及设备所进行的创新。例如，新型洗衣机和新型抗癌药的生产过程中生产工艺及生产设备的调整、银行数据信息处理系统相关程序的使用及处理等。工艺创新的目的是提高产品质量、降低生产成本、降低消耗与改善工作环境。

（三）服务创新

服务创新是企业为了提高服务质量和创造新的市场价值而发生的服务要素的变化，对服务系统进行有目的、有组织的改变的动态过程。服务创新来源于技术创新，两者之间有着紧密的联系。但是，由于服务业的独特性，使服务业的服务创新与制造业的技术创新有所区别，并有它独特的创新战略。服务创新可以分为五种类型：服务产品创新、服务流程创新、服务管理创新、服务技术创新和服务模式创新。

（四）商业模式创新

商业模式包含9个要素：价值主张、消费者目标群体、分销渠道、客户关系、价值配置、核心能力、合作伙伴网络、成本结构和收入模型。商业模式创新是指企业对目前行业内通用的为顾客创造价值的方式提出挑战，力求满足顾客不断变化的要求，为顾客提供更多的价值，为企业开拓新的市场，吸引新的客户群。例如：传统的书店决定利用互联网来销售书籍，即开通网上书店，与传统书店相比，当当网就是一种商业模式创新。

三、创新的意义

创新，是人类特有的认识能力和实践能力，是人类主观能动性的高级表现形式。从哲学角度来说，创新是人类为了满足自身需要的创造性实践行为，是对旧事物所进行的替代和覆盖；从社会学角度来说，创新是人们为了发展需要，运用已知的信息和条件，突破常规，发现或产生某种新颖、独特的有价值的新事物、新思想的活动；从经济学角度来说，创新是人类在特定环境中，以现有的知识和物质改进或创造新的事物并能获得一定有益效果的行为。

（一）社会发展需要创新

人类自脱离蛮荒时代进入文明社会已有几千年历史，直到现在世界发展并不平衡，个别国家声称已经进入知识经济时代，但还有相当一部分国家连温饱问题都尚未解决。但是有一种说法似乎多数国家都很赞同，就是现在人类社会整体上处于全球化时代，其标志是席卷全球的信息技术产业革命。

目前，全球化的准确名称应该是"经济全球化"，因为这种全球化的本质是生产要素的跨国界自由流动，追求的最终目的是经济效益的最大化。为实现此目的，就要以发展各个领域里的创新实现创业为手段，最终取得极大经济效益。

任何国家要改变其经济、科技落后的状态，从根本上讲，必须提高全民族的科学文化素质和创新意识，培养和造就大批有创新精神和创造能力的人才。

如果说目前知识经济仅仅在部分发达国家出现，那么21世纪将是知识经济在国际经济占主导地位的世纪。而知识经济的推进器就是创新，创新是知识经济的内核。创新已成为进入21世纪国际经济竞技场的"入场券"，谁能抢占创新的制高点，谁就是21世纪的主角。

可以预见，知识经济社会的发展面会更广。它的发展方式、社会结构、人们的相处方式和共存度等都会有许多新的变化和新的特点。要适应社会发展的变化，就要运用创造的思维和创新的成果解决人类发展不断遇到的新问题，极大地开发人的创造创新能力。

（二）科技发展需要创新

知识经济是高科技的发展促成的，是创新的结果。以信息技术、生物技术、先进制造技术、先进环保技术、新材料技术和新能源技术为代表的高科技领域，集中体现了人类创造能力开发带来的创业成果，冲击传统的生产方式和产业结构，使人类的生产生活产生革命性的变化，把社会生产力推进到了一个前所未有的高度。知识经济又催生高科技的不断创新和科技产业的发展。

任何国家创新能力的提高带来的直接结果都是国力的迅速强盛和人民生活水平的急剧提高。因此，从20世纪50年代起，许多国家大力提倡推进创新能力的开发和应用，花巨资创立高科技产业。

从历史发展来看，技术创新是创业的重要切入点。分别以蒸汽动力的改革和应用、电力的广泛应用和电子计算机的广泛应用为特征的3次技术革命，引起了社会生产的深层次变革，振兴了相关产业，也造就了大批兼具科学家、技术发明家和产业巨头等称号于一身的科技实业家，特别突出的有爱迪生、诺贝尔、西门子、贝尔等。他们用自己的科学发现、技术发明成功创业成就了辉煌事业，他们的成长历程为当代青年大学生关注科技创业、投身科技产业提供了光辉典范。

目前，人类社会的技术革命正在从第三次技术革命逐步转向以新材料技术、新能源技术等的广泛应用为主要标志的更高的发展阶段。从技术发明、技术改良到终端产品的创新发明与规模化生产，周期越来越短，更新频率越来越高。这在客观上对传统生产方式形成巨大冲击的同时，也为掌握高新知识与高新技术的青年学生提供了很好的创业环境，成为青年大学生端正创业观念、寻找机会的必备要素之一。

在推进科技创新的进程中，技术创新具有十分重要的作用。没有活跃的技术创新，知识经济就失去了承受"知识生产、传播和运用"的物质载体。许多发达国家为适应知识经济的发展，纷纷采取发展创新企业和鼓励企业创新的政策，使技术创新成果立即推广应用，产生效益。要在世界高科技领域占有一席之地，必须培育技术创新能力，冲破发达国家的技术垄断。为此，必须建立一整套技术创新可持续发展的机制，包括加速科技成果转化的新机制，开发适应市场需求的新工艺、新产品的新机制，发展新兴产业和高新技术产业的新机制等。只有这样，才能给科技创新以持久动力，不断增强我国经济发展的动力和后劲，促进我国经济的长远发展。

总之，在科学技术迅猛发展的今天，创新对于社会经济发展的强大推动作用，已远远超过了以往任何时代。综合国力的竞争已经进入了创新领域，竞争的最终结果是科研成果的产业化。一个民族、一个国家的创新能力已经关乎国运的兴衰。因此，顺应时代要求，培养具有创新精神和创新能力的人才，大力提高民族的创新素质，就成为一项重大而迫切的任务。

（三）经济全球化需要创新

21世纪以来经济全球化趋势的形成，使世界各国在市场和生产上的相互依存度日益加深。全球化推动了人力、资金、商品、服务、知识、技术和信息等实现跨国界的流动，促进了各种生产要素和资源的优化配置。这些变化说到底是一种全球范围内的经济实力竞争。为在世界大舞台上有自己的立足之地，各国在政治、经济、科技、文化等领域都必须进行创新，以增强竞争实力。

我国已于2001年加入世界贸易组织（World Trade Organization，WTO），成为WTO的重要一员，已经进入经济全球化的轨道。在经济全球化的形势下，人们必须要用新的观点全面审视各方面的处境，利用创新的头脑，发展经济，增强国力，在较短的时间内实现民族的伟大复兴。目前，我国面临的最紧迫的任务是科技创新，科技水平的提高是发展生产力的决定因素。

纵观当前世界各国家的表现，发达国家在经济全球化中占据主导地位，得益最多，其法宝就是大抓科技创新和以高科技转化应用为目的进行创业。这也是后继国家不被抛出经济全球化浪潮之外，进而分到全球化大餐一杯羹的必由之路。所以凡是有能力、有作为的国家，其科技创新浪潮云涌，技术应用日新，知识或智力资源的占有、配置、生产和运用已经成为其大力发展经济的重要依托。

其实，经济全球化对创新提出的要求远不止局限在科技领域，其他如制度、观念、文化等，都面临创新的问题，而且在某些时候，还可能成为创新的主要方面或制约因素。例如，我国原有的制度、运行机制，包括改革开放以来制定的新的制度和现行机制，许多已不能适应经济全球化的需求。如果不着手创新，就难以促使经济活动健康、有序进行，与他国打交道将面临举步维艰的困境。

单元二　创新意识培养

创新意识是指人们根据社会和个体生活发展的需要，善于思考、敢于标新立异，然后提出新观点、新方法，最终解决新问题和创造新事物的意识，它对一个人创新能力的形成具有十分重要的作用。创新意识是人的探索解决问题的思维，是人们进行创造活动的出发点和内在动力，是创造性思维和创造力的前提，也是形成创新能力的基础。

马斯洛说："创造性首先强调的是人格，而不是成就，自我实现的创造性强调的是性格上的品质，如大胆、勇敢、自由、自主性、明晰、整合、自我认可和一切能够塑造这种个性的普遍化特征，或者说强调的是创造性的态度和有创造性的人。"这就是说，创新最重要的不是结果，而是要有强烈的进取精神和勇于探索新事物的思维意识。拥有了这种创新精神，才敢去想别人没有想过的事情，敢去做别人没有做过的事情。那么，创业者（尤其是学生创业者）应当怎样激发创新意识呢？

一、重视知识积累

知识积累是培养、激发创新意识的必要条件。要培养学生的创新意识，首先要增强他们的求知欲，让他们具备勤奋求知的精神，因为"学而创，创而学"是创新的根本途径。他们只有不断地学习新知识，才能在自主创新创业的过程中发挥主力军作用。

创新知识积累需要具备创新学习的能力。创新学习是接受、优化和构建知识的过程，其实质是知识的增值，是进行创新思维和创新实践的基础。因此，对于创新能力的开发，首先要重视创新学习能力的培养。创新学习能力是获取、继承和重构知识的能力。然后通过创新实践把新的思想和设计变为现实产品，这些产品包括文字产品、艺术作品、技术成果以及工艺、方法、工业产品等。

只有掌握创新的基础知识和基本技能，并遵循创造性规律，了解科技发展和知识更新的动态，形成较强的学习能力和思维能力，才能萌生创新意识。

小吴、小常、小林三位同学原是某大型网游公司的员工，虽然他们的工作年限都不长，但个人能力都非常突出，专业技术也都相当过硬。在看到国内手机软件市场尤其是游戏软件市场蓬勃发展的趋势后，他们想抓住其中的商机。他们3个人经过筹划后，决定辞职一起创业。

他们创业的项目并非游戏本身，而是游戏引擎。游戏引擎，简而言之，就是一种开发制作游戏的工具，它能够帮助广大游戏生产商提高工作效率，而他们3个人过去在工作中也设计制作过加快游戏开发进度的工具，因此他们具备相关经验。他们经过5个多月的艰苦奋战后，一款可操作性极强、可用作商业游戏开发的游戏引擎便被他们开发出来了。这款游戏引擎一套只需要30多万元，比国外同类产品便宜得多。他们制订了相应的营销方案，向国内游戏开发商推广他们的产品和服务，结果大获成功。据他们的一位客户透露，以往想要制作大型游戏，首先需要购买国外的游戏引擎，而国外的一套游戏引擎动辄就在300万元以上。而他们开发的这套游戏引擎，尽管功能不如国外的，但用于游戏开发已经是绰绰有余了，而且他们还会提供产品的升级服务。他们的客户非常佩服他们，认为他们人这么少，却能开发出这么棒的产品，实在是非常了不起。

创新离不开知识的积累，尤其是技术创新，更需要创业中的大学生在生活和工作中重视知识的学习与积累。

二、消除创新的心理障碍

谈到创新，有的创业者有一种天生的抵触和恐惧，认为创新是神秘、可望而不可即的，认为那是科学家才能干的事情，而自己没有能力去进行创新，也没有创新的意识。其实，人人都具备创新的潜能，教育家陶行知先生就曾说过："人认识创造之人，处处是创造之时。"要具备创新意识，首先需要消除创新的心理障碍，树立创新的信心，拥有"敢为天下先"的勇气。其次，要有首创精神，敢于尝试做别人没有想过、没有做过的事情，拥有强烈的进取精神和勇于开拓的思维意识。首创精神是创新的动力，是培养创新习惯的基础，创业者只有具备首创精神才能敏锐地发现创新点。

创新是一个长久的过程，这一过程中最难的环节就是创新活动前创新意识的产生。一个一闪而过的念头、一件微不足道的小事都可能触发人们去思考，然而这个触发的过程也许并不持久，这就要求人们要进一步运用创新意识去挖掘这件小事。就像很多不是所有被砸到的人都能因此受到启发而发现万有引力。

任何人在创新的过程中都不可能一帆风顺，如果遇到困难或挫折就停止不前，那么这种人是难以取得成功的，更不用说取得创新成果了。因此，创业者要有百折不屈的顽强毅力和超强的抗压能力，不畏艰辛，集中精力，解决矛盾，战胜困难，最终才能激发创造性思维。

三、激发好奇心，开发创新潜能

创新需要一定的敏感度，当人们仔细观察、探索和努力思考时，就会产生更多的思维火花，解决许多之前很难解决的问题。同时，创新还需要强烈的好奇心，古今中外有很多真知灼见、发明创造都是通过不断探索而获得的，而人们的探索欲望常常表现为强烈的好奇心。好奇心使人们对某物、某事、某人充满兴趣，这些兴趣促使人们去质疑、探索或刨根问底。这时思维会变得特别活跃，人的潜能也会在这个过程中得到释放，人的创造性也会随之空前高涨。

相传有一年，鲁班承接了修建一座巨大宫殿的任务。这座宫殿需要很多木料，他和徒弟们只好上山用斧头伐木，由于当时还没有锯子，所以他们的砍伐效率很低。

一次上山的时候，鲁班无意中被野草划破了手。鲁班感到好奇：一根小草为什么能这样锋利？于是他摘下一片叶子细心观察，发现叶子两边长着许多小细齿，用手轻轻一摸，发觉这些小细齿十分锋利。他明白了，他的手就是被这些小细齿划破的。之后，鲁班看到一条大蝗虫在一株草上吃草的叶子，蝗虫的两颗大板牙十分锋利，一开一合，很快蝗虫就吃完了一大片草叶。这同样引起了鲁班的好奇心，他抓住一只蝗虫，看到了蝗虫的牙齿排列着许多小细齿，蝗虫正是靠这些小细齿来咬断草叶的。

这两件事给了鲁班很大启发。他用大毛竹做了一条带有许多小锯齿的竹片，然后用小树做试验，他用做好的竹片几下子就在树干上划出了一道深沟，鲁班为此十分高兴。但由于竹片较软，其强度较差，不能长久使用，锯齿容易断裂，所以需要经常更换竹片。鲁班想到了铁片，便请铁匠帮忙制作带有小锯齿的铁片，用这种铁片不一会儿就把树锯断了，锯子就这样被发明出来了。

被野草划破是常事，然而只有鲁班从中受到启发，发明了锯子。而这都源于鲁班强烈的好奇心和仔细的观察，并且他通过不断探索，最终找到了解决问题的方法和思路。

四、参与创新实践活动

培养创新意识是一种严肃且严谨的创造性活动，不能把创新意识的培养简单化或表象化，否则会降低创新精神的科学性和严肃性。创业者在培养创新意识的过程中一定要注意树立科学的创新理念，明确创新的真实含义，要防止把创新仅仅当作一种响亮的口号，只是局限于一些没有实质意义的新名词和新举措，而不能解决实际问题。

在培养科学的创新意识的过程中，"一心只读圣贤书"的方式是无法适应社会日新月异的发展的。中职生创业者应该积极参与创新实践活动，创新实践活动可以是创新创业培训，也可以是创新创业比赛，可以是理论性的，也可以是操作性的。

人的一生中会经历许许多多的事，有时其实你已经接近创新的边缘了，然而却没有把握住创新的机会。作为中职生，一定要激发自己的创新意识，学会思考、怀疑与探索，并结合自己所掌握的知识加以实践。

近年来，党和国家非常重视创新创业，各地也不同程度地开展了免费的创新创业培训，学生创业者应该积极地向当地政府部门、就业部门了解这些培训活动并积极参与，从而提升自己的创新创业意识和能力。

单元三　提升创新能力

创业者是否拥有突破旧认知、摒弃旧事物并勇于探索、创造有价值的新事物的能力，已经成为创业者能否创业成功的关键之一。这种能力就是创新能力。创新能力是一个包含发现问题、分析问题、发现矛盾、提出假设、论证假设、解决问题及在解决问题的过程中进一步发现新问题从而不断推动事物发展变化的过程。简而言之，创新能力源于"提出并解决问题"。

小肖在大学毕业后和几个志同道合的朋友一起创业，开发某款APP移动客户端。在他们做这个项目的时候，国内市场上已经有了几款不错的同类产品，并且这些产品的市场占有率不算低。不过他们并不觉得晚，因为在知识经济时代，任何一个厂商都不可能占据绝对垄断的地位，只要一款客户端没有过时，并且还没有达到极致，那么它就还有创新的空间。

在随后的6个月中，小肖同学和他的团队也确实做到了创新。他们对同一类型的APP客户端存在的相关问题做了总结。首先，他们发现其他客户端的Logo太单调，而且界面也较老气。其次，在操作上，其他APP客户端不够流畅。小肖同学的团队对此进行了创新，使得加载速率大大提高，这样使得一些只能使用GPRS网络的用户也能流畅地使用该APP客户端。

此外，他们在用户界面中不采用图片作为表现形式，而是使用色块，这样微博在加载的时候，就只需加载代码而非图片文件，这也能够帮助移动用户节省流量。这款APP客户端在推出之后，迅速获得了广大用户的欢迎，下载量飙升，而小肖同学的团队也顺利获得了投资。不过他们很清楚，他们的创新不可能止步，因为每一天都可能会有成百上千的人去模仿甚至抄袭他们的创意，他们只有不断创新才能赢得这场赛跑，让自己始终处于领先的地位。当今时代对创新能力的要求越来越高，因此，只有不断培养和提升自己的创新能力，才能在迎接挑战的过程中把握机遇，在创业中占得先机，实现自己的人生价值。中职生可以从以下几个方面着手提升自己的创新能力。

一、提高发现问题的能力

生活中从来不缺少问题，而是缺少发现问题的眼睛。创新能力的提升离不开观察力的培养，只有在日常生活中做到多听、多看、多问，才能发现问题并找到解决问题的方法。

二、提高信息处理的能力

当今社会是一个信息化的社会，更快捷地获取最新、最有效的信息是我们在当前的市场环境中取胜的前提。然而，由于当今信息爆炸的时代特性，学会从众多信息中筛选出专业而有效的信息对创业者来说至关重要。

三、提高创意构思能力

创意的火花往往转瞬即逝，要抓住创意，就要时刻做好创意诞生的准备，当创意来临的时候，要分析这个想法是否符合条件或要求、是否具有可执行性。

四、提高解决问题的能力

发现问题后，要对问题的现状及解决方法进行全面分析和评估，在当前状态下，确定解决问题的最优方案，并判断和论证该方案的合理性。

每一次成功，背后都有一双善于观察发现的眼睛、一个好的构思和一个另辟蹊径的创意。很多人认为，创新离自己很远，是只有科学家和工程师才能做到的事情。其实不然。提升创新能力则需要人们通过长期的知识积累和实践锻炼才能实现。同时，人们需要将质疑和探索变成自己的习惯。只要坚持不懈的努力，普通人也可以成为发明家。

　　找几个你的同学或者其他熟悉的人进行一次座谈，就他们日常消费活动交换意见，注意倾听他们对于学校或者周围的餐馆、超市等商业服务活动有什么抱怨，记下这些抱怨。按照下列步骤进行实践操作：

　　第一步，从这些交谈中提出 3 次以上的有创新意识的想法；

　　第二步，选择一个你认为最好的创新意识，对它进行分析。

模块三 创新思维

1.了解发散思维与聚合思维的内容

2.掌握灵感思维与直觉思维

3.学习联想思维与逻辑思维的内容

4.明确思维定式与思维偏见的内容

案例导入

案例以调研的形式进行：

杯子掉下来的多种可能性

一只杯子掉下来，碎了。

这个可以是个什么问题呢？

（1）物理题。因为这是自由落体运动，多高才能碎呢？

（2）化学题。杯子里装着酒精，掉进了火堆里。

（3）经济题。那是刚买的，如今碎了还要再买一个，去取钱的时候卡忘在了ATM里。

（4）语文题。你让我太伤心了，伤的就如同这只杯子一样……

（5）社会问题。杯子从大厦楼顶掉下，砸死了一个人，引起骚乱，被定性为恐怖袭击。

（6）心理问题。那一声破碎的声音触动了一个女孩，于是她花了一下午的时间去查询"为什么噪声会让人紧张？"

（7）情感问题。那是男朋友送给自己的情侣杯，这个会造成一个感情风波。

（8）时间问题。杯子摔碎了，乱了心情，还要再买，直接提升了时间成本。

（9）历史问题。那是乾隆用过的杯子，有很多关于它的故事，但是那些历史就这样彻底消失了。

…………

提问式同样的事物，运用发散思维去思考，就会呈现出不同的效果。

发散思维在创新实践中有着广泛的应用，发散途径很多，如功能发散、方法发散、结构发散、材料发散、形状发散等。功能发散是以某种事物的功能出发，构想出获得该功能的多种可能性，如激光技术的作用。方法发散是以人们解决某种问题的方法为扩散点，设想出各种解决问题的方法的思维活动，如取暖方法。结构发散是以事物结构为扩散点，设想出该结构的各种可能性的思维活动，如在"十"字上加多三笔构成新的字。材料发散就是以材料为发散点，设想他们多种可能性的思维活动。如何以为衣、何以为镜……

总之，发散思维可以在多个领域广泛地发挥应用，帮助人们开发出更多更好的创新成果。

单元一　发散思维与聚合思维

发散是一种思维模式，称为发散思维，这里所说的发散性思维是指与集中思维相对的一种思维方式。发散思维对问题从不同角度进行探索，从不同层面进行分析，从正反两极进行比较，因而视野开阔，思维活跃，可以产生出大量的独特的新思想。集中思维是指人们解决问题的思路朝一个方向聚敛前进，从而形成唯一的、确定的答案。例如7+4=11，这就是聚合思维，而如果问："还有哪些数相加也为11呢？"这就有多种结论，这就是发散思维，这种思维更利于创造性思维的培养。

一、发散思维

通常人们考虑问题，由起点（提出问题）到终点（解决问题）总喜欢按一条思路进行，行不通就打住。这时，也许从多个不同角度去考虑，就会很容易解决问题。这种围绕一个问题，突破常规思维的束缚，沿不同方向去思考、探索，寻求解决问题的各种可能性，由一点到多点的思维形式就称为发散思维，又称扩散思维、多向思维、辐射思维。

（一）发散思维的定义

扩散的范围越广，产生的设想就越多，解决问题的可能性

就越大。面对一个新方法、新技术、新规律、新产品、新现象，一个训练有素的发明者会考虑能否有其他更多的用途，制作更多类型的作品，设计系列化产品、新的应用领域。

（二）发散思维的特点

（1）流畅性。流畅性是发散思维的第一层次，反映的是个体的思维速度，体现了个体在短时间内表达较多的概念、枚举较多解决问题的方案、探索较多的可能性的能力，如要在30秒内说出所有带"水"的汉字，说出的汉字的多少即可反映该人发散思维的流畅性。

（2）变通性。变通性反映的是个体利用发散思维从不同的角度灵活考虑问题的能力。例如带"水"的汉字有上下结构、左右结构、独体字、包围结构、半包围结构，在30秒内说出的汉字中存在的结构类型越多，表明该人的变通性越好。

（3）新颖性。新颖性是指个体提出的观点和产生的想法的创新性，是发散思维的最高层次，也是求异的本质所在。

二、聚合思维

聚合思维是人们在解决问题的过程中经常用到的思维方式，如科学家进行科学实验，从已知的各种资料、数据和信息中归纳出科学的结论。

（一）聚合思维的定义

聚合思维，又称"求同思维""集中思维""收敛思维"，是一种从已知信息中分析逻辑结论，从现成资料中寻求正确答案的一种有方向、有条理的思维方式。

聚合思维是指在众多的信息中，向着问题的一个方向思考，根据已有的经验、知识或发散思维中针对问题的最好办法得出最好结论。与其他思维方式相比，聚合思维是一种有目的、有方向、有逻辑、有条理、有探索意义的思维方式。

（二）聚合思维的特点

（1）求同性。聚合思维是把许多发散思维的结果集合起来，从中选择一个合理的答案，通过求同找到解决问题的方法。

（2）连续性。聚合思维的各种设想是环环相扣的，具有较强的连续性，先做什么、后做什么都有一定的顺序，解决问题有章法可循。

（3）求实性。解决问题的方法很多，但聚合思维选出的方法是按照实用的标准来对比、选择的，即从众多方法中挑选出一个切实可行的最佳方法。

（4）聚焦性。聚合思维要求个体始终围绕问题进行反复思考，解决问题的特定指向性非常强和纵向深度非常深。

（三）聚合思维的方式

聚合思维的具体方式有很多，常见的有目标确定法、层层剥笋法、辏合显同法等。

（1）目标确定法。首先根据需要选择既定目标，从多方面剖析问题的指向，然后由客观条件加工、分析、判断得出结论，锁定目标。

（2）层层剥笋法。该方法是通过层层分析，一步一步地向问题的核心逼近，抛弃那些非本质的、繁杂的特征，以便揭示出隐蔽在事物表面现象内的深层本质。

（3）辏合显同法。该方法就是把所感知到的数量有限的对象依据一定的标准"聚合"起来，寻找它们共同的规律，以推导出最终的结论。

单元二　灵感思维与直觉思维

灵感思维和直觉思维是两个容易混淆的概念。它们的主要区别是：灵感在产生之前往往有一段时间对课题的顽强探索，直觉思维则是在很短的时间内对问题的迅速而直接的判断，灵感的产生时间较快。

一、灵感思维

灵感思维是长期思考的问题受到某些事物的启发从而忽然得到解决的心理过程，它是人们借助直觉启示所猝然迸发的一种领悟或理解的思维形式。灵感是人脑的机能，是人对客观现实的反映。灵感思维活动本质上就是一种潜意识与显意识之间相互作用、相互贯通的理性思维认识的整体性创造过程。

（一）灵感思维的定义

灵感与创新息息相关。灵感不是唯心的、神秘的东西，它是客观存在的，是思维的一种特殊形式，是一种使问题一下子澄清的顿悟，是人在思维过程中带有突发性的思维形式，是长期积累、艰苦探索的一种必然性和偶然性的统一。

钱学森说："如果把非逻辑思维视为形象思维，那么灵感思维就是顿悟，实际上是形象思维的特例。灵感的出现常常带给人们渴求已久的智慧之光。"

（二）灵感思维的特征

灵感思维是在无意识的情况下产生的一种突发性的创造性思维活动。它与形象思维和抽象思维相比，主要有以下六个方面的特征。

1. 突发性

灵感往往是在出其不意的刹那间出现，使长期苦思冥想的问题突然得到解决。在时间上，它不期而至，突如其来；在效果上，突然领悟，意想不到。这是灵感思维最显著的特征。

2. 独创性

灵感有时会给我们带来耳目一新的奇思妙想。灵感的出现是创新思维的质的飞跃，它不是逻辑推理的结果，而是在外界事物的刺激下对原有信息进行的迅速的改造。

3. 瞬时性

灵感转瞬即逝，如果没有来得及抓住它，它就会瞬间消失得无影无踪，给人留下遗憾。因为灵感是潜意识带给人们的指引，有点像梦中的景象，稍不留神灵感的火花就会熄灭。

宋代诗人潘大临的一次经历可以证明灵感的瞬时性。在临近重阳节的时候，下起了一起秋雨。他诗兴大发，随即赋道"满城风雨近重阳"，就在这时，一个催租人突然闯了进来打断了他的创作灵感，他便再也写不出下文了。尽管催租人走后秋雨依旧，但诗人再也没有找到灵感，后来，潘大临因为贫穷病死了，好友谢无逸为了纪念他，就续写下来这首诗："满城风雨近重阳，无奈黄花恼意香。雪浪翻天迷赤壁，令人西望忆潘郎"。

4. 情感性

灵感来临时是一种顿悟的状态，往往伴随着情绪高涨、神经系统高度兴奋。尤其在艺术创作领域，灵感的情感性特点表现得非常突出。

郭沫若创作《地球，我的母亲》的时候，突然间来了灵感，他竟然脱了鞋，赤着脚跑来跑去，甚至趴在地上，去真切地感受"母亲"怀抱的温馨。

5. 模糊性

灵感只是给人指明一个方向、一个途径，要想取得最后的成果，还要对它进行进一步的加工。有时，灵感只给我们提供了一些启示和线索，沿着这条线索进行思就能得出意料之外的成果。

6. 跳跃性

由灵感产生的思考是一种思考形式和过程的突变，表现为逻辑的跳跃感的出现所得到的一些绝妙的想法和新奇的方案不是一个连续的、自然的进程，而是质的飞跃的过程。

（三）引发灵感思维的方法

引发灵感最常用的方法，就是愿用脑、会用脑、多用脑，也就是遵循引发灵感的客观规律科学地用脑。通常用以下几种方法来引发灵感思维。

1. 观察分析

在进行科技创新活动的过程中，自始至终都离不开观察分析。观察不是一般观看，而是有目的、有计划、有步骤、有选择地去观看和考察所要了解的事物。通过深入观察，可以从平常的现象中发现不平常的东西，可以从表面上貌似无关的东西中发现相似点。因此，在观察的同时必须进行分析，只有在观察的基础上进行分析，才能引发灵感。

2. 启发联想

新认识是在已有认识的基础上发展起来的。旧与新、已知与未知的连接是产生新认识的关键。因此，要创新就需要联想，以便从联想中受到启发，引发灵感，形成创造性的认识。

3. 实践激发

实践是创造的基础，是灵感产生的源泉。在实践激发中，既包括现实实践的激发，又包括过去实践体会的升华。在实践活动的过程中，迫切解决问题的需要促使人们去积极地思考问题，废寝忘食地钻研探索。科学探索的逻辑起点是问题，所以，在实践中提出问题、思考问题、解决问题，是引发灵感的一种非常好的方法。

4. 激情冲动

积极的激情，能够调动全身的巨大潜力去创造性地解决问题。在激情冲动的情况下，可以增强注意力、丰富想象力、提高记忆力、加深理解力，从而使人产生出一股强烈的、不可遏止的创造冲动，并且表现为自动地按照客观事物的规律做事。这种激情冲动是建立在准备阶段经过反复探索的基础之上的，因此它也可以引发灵感。

5.判断推理

判断与推理有着密切的联系，这种联系表现为推理由判断组成，而判断的形成又依赖于推理。推理是从现有判断中获得新判断的过程。因此，在科技创新活动中、对于新发现或新产生的物质的判断，也是引发灵感，形成创造性认识的过程。所以，判断推理也是引发灵感的一种方法。

上述几种方法是相互联系、相互影响的。在引发灵感的过程中，不是只使用一种方法，有时是以一种方法为主、其他方法交叉运用的。

二、直觉思维

直觉思维是指不受某种固定的逻辑规则约束而直接领悟事物本质的一种思维形式。直觉作为一种心理现象贯穿于日常生活之中，同样也贯穿于科学研究之中。

（一）直觉思维的定义

（1）广义的直觉指的是包括直接的认知、情感和意志活动在内的一种生理现象，也就是说，它不仅是一个认知过程、认知方式，还是一种情感和意志的活动。

（2）狭义上的直觉是指人类的一种基本的思维方式。当把直觉作为一种认知过程和思维方式时，便称为直觉思维。狭义的直觉或直觉思维，就是人脑对于突然出现有面前的新事物、新现象、新问题及其关系的一种迅速识别、敏锐而深入的洞察，直接的本质理解和综合的整体判断。简言之，直觉就是直接的觉察。

小孩亲近或疏远一个人凭的是直觉；男女"一见钟情"凭的是各自的直觉；军事将领紧急情况下，下达命令首先凭直觉；足球运动员临门一脚，更是毫无思考余地，只能凭直觉。

科学发现和科技发明是人类最客观、最严谨的活动之一。诺贝尔奖获得者、著名物理学家玻恩说："实验物理的全部伟大发现，都是来源于一些人的直觉。"

直觉是一种非逻辑思维形式，对其所得出的结论没有明确的思考步骤，主体对其思维过程也没有清晰的意识。

有一位一级方程式赛车手正在赛道上驾车狂奔，过弯道时，他突然间做出了一个让自己都惊讶的动作——猛踩刹车。刹车的冲动远远超过了他比赛的冲动。事后他才明白，有几辆车堵死了他转弯后的赛道，这一脚刹车救了自己的命。事后，心理学家借助录像资料帮助他在脑海中重现当时的心理过程，他才醒悟：当时自己瞬间感到一个不同寻常的现象，观众本该欢呼但没有欢呼，本该注视他，却惊愕地注视前方。他下意识地感受到了这个异常现象，并迅速采取了正确行动。

（二）直觉思维的特征

1. 直接性

直觉思维的过程与结果具有直接性，因为它是一种直接领悟事物的本质或规律，而不受固定逻辑规则所束缚的思维方式。直觉思维不依赖于严格的证明过程，以对问题全局的总体把握为前提，是以直接、跨越的方式直接获取问题答案的思维过程。

2. 突发性

直觉思维的过程极短，稍纵即逝，其所获得的结果表现为突如其来和出乎意料。人们对某一问题苦思冥想却不得其解，反而往往在不经意间突然醒悟问题的答案，瞬间闪现具有创造性的设想。例如，著名的"万有引力定律"就是牛顿在苹果园休息时，观察到苹果掉落的现象而突然发现的。

3. 非逻辑性

直觉思维不是按照通常的逻辑规则按部就班地进行的，它既不是演绎式的推理，也不是归纳式的概括。直觉思维主要依靠想象、猜测和洞察力等非逻辑性因素，来直接把握事物的本质或规律。直觉思维也不受形式逻辑规则的约束，常常是打破既有的逻辑规则，提出一些反逻辑的创新思想；它也可能压缩或简化既有的逻辑程序，省略中间烦琐的推理过程，直接对事物的本质或规律做出判断。

4. 或然性

非逻辑的直觉也是非必然的，它具有或然性，既有可能正确，也有可能错误。虽然直觉思维能力较强的科学家正确的概率较大，但也可能出错。许多科学家都承认这一点，爱因斯坦在高度评价直觉在科学创造中的作用时，也没有把它看作是万能灵药。他在1931年回答挚友贝索提出的问题时说："我从直觉来回答，并不囿于实际知识，因此，大可不必相信我。"

5. 局限性

正是因为直觉具有直接性、快速性、非逻辑性等特点，导致直觉容易局限在狭窄的观察范围里。有时，甚至经验丰富的研究者，像心理学家、医生和生物学家也常常根据范围有限、数量不足的观察事实，就凭直觉错误地提出假说和引出结论。

比如，在没有对患者进行周密的观察之前，匆匆凭借直觉做出判断，医生就有可能做出错误的诊断。有时直觉会使人把两个风马牛不相及的事件纳入虚假的联系之中。

6.理智性

在日常生活中，人们经常遇到一些资深的医生，在第一眼接触某一重病患者时，他们会立即感觉到此人的病因、病源所在，而他们下一步的全面检查就会不自觉地围绕这些"感觉"展开，医生们的"感觉"即直觉，是同他们丰富的经验、高深的医学理论知识、娴熟的技术等分不开的。

直觉思维过程体现出来的不是草率、浮躁和鲁莽行为，而是一种理智性思考的过程。在直觉思维过程中，思维主体并不着眼于细节的逻辑分析，而是对事物或现象形成一个整体的"智力图像"，从整体上识别出事物的本质和规律。

单元三　联想思维与逻辑思维

思维方式是看待事物的角度、方式和方法，它对人们的言行起决定性作用。思维方式表面上具非物质性和物质性。这种非物质性和物质性的交相影响，"无生有，有生无"，就能够构成思维方式演进发展的矛盾运动。

一、联想思维

联想思维就是通过思路的连接把看似"毫不相干"的事件（或事项）联系起来，从而产生新的成果的思维过程。联想思维简称"联想"，是人类一种高级的心理活动。

（一）联想思维的含义

古希腊哲人亚里士多德早在两千多年前就指出：只有不断使自己的思维从已存在的一点出发，或从已知事物的相似点、相近点或相反点出发，才能获得对事物的新的看法，世界由此才会得以前进。

联想是开启人们思路、升华人们思想的导火索和催化剂，没有广泛而丰富的联想，就不可能促进科学技术的巨大飞跃。研究和实践证明，人们的联想能力跨度是很大的，两个风马牛不相及的事物，只要在它们之间加上几个环节，就能实现联系起来的愿望。这种大跨度的联想思维能力，往往具有很强的创造力。因此，联想对于人们开阔思路、寻求新对策、谋求新突破、进行创新是有很大帮助的。一个人的联想越广阔丰富，那么他的创新能力就越强。

联想思维具有形象性、连续性、概括性等特征。

（二）联想思维的类型

1. 接近联想

接近联想是指根据事物之间在时间或空间上的彼此接近而产生某种新意义的思维方式。例如，小足球运动——生产小足球，桌子——上面有书本——下面有椅子，雷电——雷鸣——下雨——滴答声。

张华，上海动车段调试车间的一名工长，工友们眼中的"动车技术大拿"。他1997年成为一名铁路职工；2009年进入上海动车段高级维修基地，成为动车组高级维修的先行者；2014年，获得全国五一劳动奖章和"全国铁路技术能手"称号；2016年，获"上海工匠"称号和上海市五一劳动奖章；2018年获"全国铁路工匠"和"全国铁路优秀共产党员"称号；2020年获"全国劳动模范"称号。

动车组高级维修需求紧张，为高效开展自主维修，从业者除了要有专业的技能和强烈的责任心，还要有敢于创新的勇气和本领。张华调整工作重心，摸索着开展技术创新，处处留心生活中的细节，捕捉创新灵感，开展对工艺优化、逻辑原理等的攻关。

有一次，张华在逛家具店时看到一张可以自由组合的餐桌，平时可以当作家庭使用的小餐桌，有需要时也可以变成大餐桌。看着家具销售员的演示，张华灵机一动：动车组的调试检修是不是也能通过灵活组织，从而最大限度释放检修产能？回到岗位上，他立即开展调研分析，摸排出自由组合的技术瓶颈。

2. 相似联想

相似联想是指在形式上、性质上或意义上相似的事物之间所形成的联想。例如，由语文书联想到数学书，由钢笔联想到铅笔。这种联想也可运用到创造发明过程中。

自古以来，人类架桥就是靠修筑桥墩来实现的，但当遇到水深难以打桩架桥时该怎么办呢？发明家布伦特看到蜘蛛吊丝做网，联想到造桥，顿时恍然大悟，从而发明了吊桥。

3. 对比联想

对比联想是由某事物的感知和回忆引起跟它具有相反特点的事物的联想。例如，黑与白，写与擦，大与小，水与火，黑暗与光明，温暖与寒冷。

对比联想又可分为下列几种：

（1）从性质属性的对立角度进行对比联想。

这是一种应用十分广泛的对比联想，即从事物的一种性质或属性联想到与之对立的另一种性质或属性。

（2）从优缺点角度进行对比联想。

事物都是对立统一的，都具有矛盾的两个方面，所以在进行联想时，既要看到事物的优点和长处，又要看到缺点和短处，反之亦然。

铜在500℃左右处于还原性气氛中时会发生氢脆，使铜器件产生缝隙，人们一直在想方设法克服这个缺点。可是有人却偏偏把它看成优点加以利用，从而发明了铜粉的制造技术。以前用机械粉碎的方法制作铜粉相当困难，原因是在粉碎铜屑时，铜屑总是变成箔状。如果把铜置于氢气流中，加热到500~600℃，持续时间为1~2小时，使铜屑充分氢脆，再经球磨机粉碎，合格的铜粉就制成了。

（3）从结构颠倒角度进行对比联想。

从结构颠倒角度进行对比联想即从空间结构考虑前后、左右、上下、大小的结构，颠倒着进行联想。

中国的数学家史丰收就是运用此种对比联想。一般人进行数学运算都是从右至左、从小到大进行运算，史丰收运用对比联想，反其道而行之，从左至右、从大到小进行运算，运算速度大大加快。

（4）从物态变化角度进行对比联想。

从物态变化角度进行对比联想即看到事物从一种状态变为另一种状态时，联想到与之相反的状态。

18世纪，拉瓦锡用金刚石煅烧的实验证明了金刚石的成分是碳。1799年，摩尔沃成功地把金刚石转为石墨，用对比联想来考虑，那么反过来，石墨能不能转变成金刚石呢？后来，科研人员经过反复试验研究，终于用石墨制成了金刚石。

4.因果联想

因果关系联想是指由两个事物间的因果关系所形成的联想，如铅笔到铅，橡皮到擦除。

5.连锁联想

连锁联想是指在头脑中可以按照事物之间的复杂联系，一环紧扣一环地进行联想，使思考逐步前进或逐步深入，从而引发出某种新的设想。

二、逻辑思维

通过逻辑（把意识按照顺序进行排列）进行思考就叫作逻辑思维。

（一）逻辑思维的定义

逻辑思维是人们在认识过程中借助于概念、判断、推理等思维形式能动地反映客观现实的理性认识过程，因此又称理论思维。只有经过逻辑思维，人们才能达到对具体对象本质规律的把握，进而认识客观世界。它是人类认识的高级阶段，即理性认识阶段。

逻辑思维与形象思维不同，它以抽象为特征，通过对感性材料的分析思考，撇开事物的具体形象和个别属性，揭示物质的本质特征，形成概念，并运用概念进行判断和推理来概括地、间接地反映现实。社会实践是逻辑思维形成和发展的基础，社会实践的需要决定人们从哪个方面来把握事物的本质、确定逻辑思维的任务和方向。实践的发展也促使逻辑思维逐步深化和发展。逻辑思维是人脑对客观事物间接概括的反映，它凭借科学的抽象揭示事物的本质，具有自觉性、过程性、间接性和必然性的特点。逻辑思维的基本形式是概念、判断、推理。逻辑思维方法主要有归纳和演绎、分析和综合及从抽象上升到具体等。

逻辑思维是人们在认识过程中借助于概念、判断、推理反映现实的过程。它和形象思维不同，是用科学的抽象概念、范畴揭示事物的本质，表达认识现实的结果。

逻辑思维要遵循逻辑规律，主要是形式逻辑的同一律、矛盾律、排中律，辩证逻辑的对立统一、质量互变、否定之否定等规律，违背这些规律，思维就会发生偷换概念、自相矛盾、形而上学等逻辑错误，认识就是混乱和错误的。逻辑思维是分析性的、按部就班的。做逻辑思维时，每一步必须准确无误，否则无法得出正确的结论。我们所说的逻辑思维主要指遵循传统形式逻辑规则的思维方式，常称它为"抽象思维"或"闭上眼睛的思维"。

在逻辑思维中使用否定来堵死某些途径。如果说，逻辑思维是在深挖一个洞，"否定"就是为了把洞挖得更深的工具。

逻辑思维是人脑的一种理性活动，思维主体把感性认识阶段获得的对于事物认识的信息材料抽象成概念，运用概念进行判断，并按一定逻辑关系进行推理，从而产生新的认识。逻辑思维具有规范、严密、确定和可重复的特点。

（二）逻辑思维的方法

1.演绎推理法

演绎推理是由一般性前提到个别性结论的推理。按照一定的目标，连用演绎推理的思维方法，取得新颖性结论的过程，就是演绎推理法。例如，一切化学元素在一定条件下发生化学反应。惰性气体是化学元素，所以，惰性气体在一定条件下确实能够发生化学反应。这里运用的就是演绎推理方法。

演绎推理的主要形式是三段论法。三段论法是从两个判断中得出第三个判断的一种推理方法，上面的例子就包含着三个判断。第一个判断是"一切化学元素都在一定条件下发生化学反应"，提供了一般的原理原则，称为三段论式的大前提；第二个判断是"惰性气体是化学元素"，指出了一种特殊情况，叫作小前提；联合这两种判断，说明一般原则和特殊情况间的联系，因而得出第三个判断，"惰性气体在一定条件下确定能够发生化学反应"，即为结论。

只要作为前提的判断是正确的，中间的推理形式是合乎逻辑规则的，那么，必然能够推出"隐藏"在前提中的知识，这种知识尽管没有超出前提的范围，但毕竟从后台走到了前台，对我们来说，往往也是新的，而且由于我们常常是为了某种实际需要才做这种推理，其结论很大程度上具有应用价值。这样演绎推理的结论就可能既具有新颖性，又具有实用性。

2. 归纳推理法

（1）完全归纳推理。从一般性较小的知识推出一般性较大的知识的推理，就是归纳推理。在多数情况下，运用归纳推理可以得到新的知识。按照一定的目标，运用归纳推理的思维方法，取得新颖性结果的过程，就是归纳推理法。

（2）简单枚举归纳推理。简单枚举归纳推理是列举某类事物中一部分对象的情况，根据没有遇到矛盾的情况，便做出关于这一类事物的一般性结论的推理。

例如，叶落的时间、天鹅的颜色。简单枚举归纳推理的意义在于，虽然其结论是或然的，但不一定是错误的，有的正确，也就可以提供新的知识。在其结论的基础上，可以继续研究。如果证明是正确的，就得到了新的知识；即使证明是错误的，也从另一方面给了我们新的收获。

（3）科学归纳推理。科学归纳推理是列举某类事物一部分的情况，分析出制约此情况的原因，并以此结果为根据，总结出这类事物的一般性结论的推理方法。

演绎法和归纳法是人们对客观现实的两种对立的认识方法的总结。两者既是对立的，又是统一的，缺少任何一面都无法认识真理。演绎法和归纳法，看似相反的两种方法，实际上在人们的认识过程中，两者是辩证的统一，没有归纳就没有演绎，因为演绎的出发点正是归纳的结果，演绎必须以可靠的归纳为基础。没有演绎同样也没有归纳，因为归纳总是在一般原理、原则或某种假说、猜想的指导下进行的。

3. 实验法

实验是为了某一目的，人为地安排现象发生的过程，以此为依据研究自然规律的实践活动。实验的特点是必须能够重复，能够在相同条件下重复地做同一个实验，并产生相同的结果，这是一个实验成功的标志。不能重复的实验就不是成功的实验，其结果就没有可信度，就不能作为科学依据，这是符合逻辑思维原理的。

实验法研究的优点有很多：实验能够纯化研究对象；能够人为地再现自然现象；可改变现象的自然状态；可以加速或延缓对象的变化速度；可以节约费用，减少损失。

4. 比较研究法

比较研究法：比较研究法，简称比较，是通过两个或两个以上对象的异同来获得知识的方法。在比较研究中，主要起作用的仍然是逻辑思维中的演绎推理、归纳推理和类比推理，所以，比较研究是运用逻辑思维进行创新的一种方法。

比较可以有很多种类，如空间上的比较（横向比较）、时间上的比较（纵向比较）、直接比较、间接比较等。

通过比较研究，人们可以鉴定真伪，区分优劣；明察秋毫，解决难题；确定未知，发现新知；取长补短，综合改进；追踪索迹，建立序列。

5. 证伪法

根据形式逻辑中的矛盾律，在同一时间、同一关系上，不能对同一对象做出不同的断定。用一个公式可表示为：A不能在同一时间、同一关系上是B又不是B。根据形式逻辑中的排中律，在同一时间、同一关系上，对同一事物是两个相互矛盾的论断必须做出明确的选择，必须肯定其中的一个。用一个公式来表示就是：A或者是 B，或者不是B，二者必居其一，不可能有第三种选择。

通过以上两个规律，运用逻辑思维方法，可以在证明一个结论是错误的同时，证明另一个结论是正确的。用这种方法来取得正确答案的方法就是证伪法，或称反证法。证伪法在许多情况下可以帮助我们解决疑难问题，取得创新成果。

6. 分析和综合法

分析是把事物分解为各个属性、部分和方面，对它们分别进行研究和表述的思维方法。综合是把分解开来的各个属性、部分和方面再综合起来进行研究和表述的思维方法。比如，在毕业论文写作的过程中，无论研究和表述论点，还是研究和表述分论点，都时常运用分析和综合的方法。

7. 从具体到抽象和从抽象上升到具体的方法

从具体到抽象，是从社会经济现象的具体表象出发，经过分析和研究，形成抽象的概念和范畴的思维方法。从抽象上升到具体，按照从抽象范畴到具体范畴的顺序，把社会经济关系的总体从理论上具体再现出来的思维方法。在毕业论文的写作过程中，总体来讲，也要运用从具体到抽象和从抽象上升到具体的方法，即在占有资料的基础上，经过分析研究，找出论点论据，在头脑中大体形成论文的体系，然后按照从抽象上升到具体的顺序，一部分一部分地把论文写出来。当然，也有的论文不采取此种方法。

8. 逻辑和历史统一的方法

从抽象上升到具体的方法就是逻辑的方法。所谓历史的方法，就是按照事物发展的历史进程来表述的方法。逻辑的发展过程是历史的发展过程在理论上的再现。不过，一篇论文从总体上运用逻辑和历史统一的方法并不多见，而在经济学专刊和教科书中往往在总体上运用这种方法。

单元四　思维定式与思维偏见

思维定式是由先前的活动而造成的一种对活动的特殊的心理准备状态，或活动的倾向性。在环境不变的条件下，定式使人能够应用已掌握的方法迅速解决问题。而在情境发生变化时，它则会妨碍人采用新的方法。消极的思维定式是束缚创造性思维的枷锁。

思维偏见通俗地讲，就是说我们在与人接触的过程中，总会有先入为主的偏见，按照我们自己的认知把某个人划入某个圈子或者范畴里。

一、思维定式

思维定式简单说就是人们习惯用以往经常用的思维方式来看待和解决问题，就叫作思维定式。它有积极的作用，也有消极的作用。思维定式的积极作用，比如可以快速解决问题。例如，当同学们在解决经常遇到的同一类型习题时，练得多了，熟悉了题型和公式，下次碰到马上就会做了。思维定式的消极作用，就是容易僵化思维。例如，当条件改变时，或新旧交替时又会成为发展的主要障碍。

（一）思维定式的概念

创新思维最主要的障碍为思维定式，也称为"惯性思维"。思维定式就是根据积累的思维活动、经验教训和已有的思维规律，在反复使用中所形成的比较稳定的、定型化的思维路线、方式、程序、模式。思维定式是由个体受到的教育、人生的经历、周围人的影响等综合因素作用形成的。

思维定式对常规思维是有利的，它可使思考者在处理同类问题时少走弯路。在解决问题的过程中，人们利用处理类似问题的知识和经验来处理新问题往往非常有效。思维定式可以帮助我们解决在日常生活中碰到的 90%以上的问题。然而，思维定式也有它的弊端，它容易使人产生思想上的惰性，从而使人养成一种呆板、机械、千篇一律地解决问题的习惯。当我们处理一些新情况的时候，特别是当新旧问题形似质异时，思维定式就会变成"思维枷锁"，阻碍我们用新观念、新方法、新思路去创造性地解决问题，使我们失去创新和发展的源泉和动力。

（二）思维定式的常见类型

常见的思维定式有如下4种类型。

（1）经验定式，即不自觉地用已有的经验和某种习惯了的思维方式去思考已经变化的问题。

（2）权威定式，即对权威人士的言行有一种迷信和盲从，不假思索和不加以批判地接受权威的观点，如在学校教育中形成的教育权威，由于社会分工不同和知识技能差异所导致的专业权威等。

（3）从众定式，即不假思索地盲从众人的认知与行为。有从众定式的人一般表现为大家怎样做，他就怎样做；大家怎样想，他就怎样想。

（4）书本定式，即对书本知识完全认同与盲从。书本中的知识是一种系统化、理论化的知识，是人类经验和体悟的总结。虽然读书仍然是人们获得前人间接经验的最佳方法，但很多书本知识都有滞后性。

（三）思维定式的突破方法

1.培养思维独立性

我们要想突破创新思维的障碍，首先必须树立挑战思维定式的勇气与自信，勇于质疑经验、权威、众人和书本，如质疑"司空见惯""完美无缺者"，力破陈规、锐意进取，勇于向旧的习惯、传统进行挑战。

权威和理论往往给人们树起了一道难以逾越的思维屏障，从创新思维的角度来说，我们要打破这种思维屏障。我们要对权威和理论保持质疑的精神，勇敢地以质疑和批评的态度对待权威和理论，而不是盲从。

2.拓展思维视角

追求目标要执着，但过程中所用的思维应是多向的。常规的思考都是沿着事物发展的规律进行的，这样容易找到切入点，解决问题的效率也比较高，但也往往容易陷入思维误区，制约创新发展，因此我们需要改变原有的思考方向，以获得更多的思维视角。个体要突破思维定式，应尽量多地增加头脑中的思维视角和维度，拓宽思维的广度，学会从多种角度观察同一个问题，也就是要学会对思维视角进行泛化和扩展，多角度、多侧面、多方向地看待和处理事物、问题。

二、思维偏见

在关系中，总会有一些问题不明确。产生矛盾时，无法了解对方的想法也很正常。然而这些偏见思维，却会让你不受控制地陷入消极想象。

你的脑海可能会自动浮现一些臆测，即使没有证据表明它们是对的。这种消极的自动化思维，是你过去的关系模式。

这种消极的自动化思维，就像刻在你脑海中的某个程序。一旦出现熟悉的场景，尤其是当你被不舒服的感觉困住时，往往无须努力，它们就会自动产生。以至于你很难注意到它们。

偏见思维，如何破除？

（一）学会区分你的情绪和想法

情绪和想法之间的界限其实很模糊。一个比较好的区分方法，是分清这一点：情绪通常可以用一个词来概括，比如紧张、快乐、惊讶、害怕；此外，情绪受想法驱动产生，也就是，情绪是根据想法产生的，这是一个非常重要的区别。

区分情绪和想法，可以给情绪和想法"贴标签"。

例如，你和朋友一起吃饭，但他几乎不怎么和你说话，于是你产生了这样的想法：他不喜欢和我说话。

实际上，准确地描述应该是这样的：朋友吃饭时不怎么和我说话，我感到很难过，因为我以为他不喜欢和我说话。

你必须承认，这个想法可能是对的，也可能是不对的。

你的任何情绪，都是无可争议的，没有是非对错。而你的想法可以被推翻和修正，被更准确和有用的想法取代。

（二）学会识别自己的偏见思维

例如，你遇到一位许久未见的熟人。你们尬聊①了一分钟就分开了，你突然觉得很难过。如果这个人对你来说并不重要，那么这种情绪就不太正常。

在这样的时刻，注意你的情绪，并检查自己的想法。看看是什么想法导致了这种情绪。

如果你倾向于个性化偏见：可能是因为你把尬聊归咎于你对自己的消极信念。比如"我不擅长闲聊或让别人喜欢我"。

如果你倾向于读心术偏见：可能是你那天穿着睡衣去买菜，你担心"他会不会觉得我一点也不讲究"。

通过练习，你可能会认识到这些偏见正在误导你。

（三）思考是否存在更合理的解释

最后，确定你认为的最合理的解释。你可以翻出之前的白纸，将你的原始想法与新想法进行比较。

你可以思考，你是应该坚持之前的想法？还是推翻它，替换成这个新的、更符合事实的想法？

自动化思维是不受控制的，但你可以让自己不深陷其中，学会审视它们。

正如文中所说，任何关系，都会存在一定程度的模糊性或不确定性。你无法控制对方的想法，也不能真正读懂对方的想法。这是正常的。

我们都需要学会接受不确定性的存在。最好的选择是直面事实。

允许不确定性的存在，并将注意力转移到更重要的事情上。

人性的复杂，决定了很多事情不是非黑即白，提高认知的层次水平，避免陷入某种偏见思维的黑洞。

▶ 课后实践 ▐▐▐▐

1.分析"长江后浪推前浪"是在突破哪些思维定式。

2.你身边有哪些运用思维定式的事例？

---

① 尬聊：网络流行语，意思是尴尬地聊天，使气氛陷入冰点。

模块四 创新型人才

学习目标

1.了解创新型人才的内涵和特征
2.掌握如何进行创新型人才的培养知识

案例导入

小马同学出生于杭州市农村，中职学校毕业后，她回到了家乡，想利用所学知识进行创新创业。"咬定青山不放松，立根原在破岩中。千磨万击还坚劲，任尔东西南北风。"郑板桥这首诗吟咏坚韧高洁的竹子，也让她从小就对竹子情有独钟，所以毅然投身于竹产业发展中。

小马同学说，竹子全身都是宝。竹材具有强度大、韧性好、纤维含量高等优点，在建筑材、家具材、竹浆造纸、竹质纤维纺织等方面被广泛应用。竹笋富含蛋白质、糖类、维生素、氨基酸和膳食纤维等，具有极高的食用价值，深受人们的喜爱。竹叶黄酮等有效成分可以合成药品和保健品。竹子同时还在竹工艺品、竹文化、竹林碳汇、竹林康养等多个行业广泛应用，产生巨大的经济、社会和生态效益。

在竹林培育方向，小马同学带领创新团队以提高竹林综合效益、助推竹农致富为己任，围绕毛竹林高效培育及规模经营、雷竹笋用林安全高效培育、笋用林减肥增效培育、毛竹林高效复合经营、毛竹林珍贵树种促进更新、覆盖雷竹林退化恢复与持续经营、弃管毛竹林生态控制、毛竹笋用林机械化经营等方向开展创新研究，助力竹农致富。

小马同学勤奋努力、不断创新，她的付出得到了同行专家、单位领导同事、基层林技人员以及竹农竹企的认可和赞赏。2021年，因科技业绩突出，小马同学获得了多项荣誉称号。

单元一　创新型人才的内涵和特征

随着时代的发展，如何培养创新型人才已成为现代教育的核心内容。作为人才培养主阵地之一的中职学校，必须与时俱进，改革创新，发挥其自身不可替代的重要作用。

一、创新型人才的内涵

一种理解是指富于独创性，具有创造能力，能够提出问题并解决问题开创事业新局面，对社会物质文明和精神文明建设做出创造性贡献的人。另一种理解是指具有创造精神和创造能力的人，这是相对于不思创造、缺乏创造能力、比较保守的人而言的，与理论型、应用型、技艺型等人才创新类型相似。

简单来说，创新型人才是指具有创新精神、有责任心的和善于解决问题的能够为社会的精神文明建设和物质文明建设作出贡献的人才。这类人才，拥有坚持不懈的探索精神，不断地提出问题、解决问题，能够努力实现自己的梦想。同时创新型人才有着极强的独创性，坚实的理论基础和较为广泛的科学知识基础，也拥有对科学创新的严谨学习态度和实践出真理的认知，能够以良好的科学态度、社会道德，造福社会。

二、创新型人才的特征

通常表现出创新品质、创新意识等特征。具体有以下几个特征：

（一）有着难能可贵的创新品质

创新型人才必须具备崇高的理想、远大的抱负，还要有良好的进取意识、强烈的责任感和奉献精神。只有拥有这些难能可贵的品质，才能获得实践创新的勇气和不断前进的求知精神。

（二）有着坚韧不拔的创新意志

创新是一个探索未知领域和对已知领域进行破旧立新的过程，充满各种阻力和风险，可能遇到重重的困难、挫折甚至失败。在这个过程中，会遇到来自外界的质疑和不信任，这就需要创新型人才用坚持不懈的意志去战胜各种困难最终实现目标。

（三）有着敏锐的创新观察能力

敏锐的创新观察能力、深刻的创新洞察能力、见微知著的创新直觉能力以及一触即发的创新灵感和瞬间的创新顿悟，都是创新型人才必须具备的能力，这样才能将观察到的事物在已知的领域中与所学的专业知识联系起来进行创新。例如：牛顿的万有引力定律是在苹果落地时得到的灵感；瓦特发明的蒸汽机是在壶水滚沸中得来的顿悟。

（四）有着超前跳跃的创新思维

思维具有前瞻性、灵活性、跳跃性和独创性等，这些是创新型人才必备的品质。这样的人才能挣脱固有思维的束缚，对事物进行独特的、独辟蹊径的判断与分析。

（五）有着广泛丰富的创新知识

若想对现有的领域进行创新，不仅需要创新的思维及能力，还需要广博而精深的知识作为坚实的创新基础。创新型人才不仅要了解自身所学专业的发展方向和最新的国际研究成果，还需在专业的基础上掌握横向和纵向的发展不断更新自己的知识体系。在不断完善知识结构的基础上，更深层次地理解创新。

（六）有着科学严谨的创新实践

实践是检验真理的唯一标准。创新是为了推动社会发展，只有在大量的实践中得出的真理才能被广泛运用。这就要求创新型人才必须具备求实严谨的科学工作态度和严格遵循事物发展客观规律的科学实践态度。

学生是人类优秀文化遗产的继承者、最新科学成果的创造者和传播者、未来科学家的培育者。建设创新型国家，科技是关键，人才是核心，教育是基础。要树立人才资源是第一资源的观念；要完善培养体系，不拘一格选用人才，加紧建设一支宏大的创新型人才队伍；要推进市场配置人才资源，有效提升我国人才和人力资源综合开发水平，努力形成人才辈出、人尽其才的新局面。

单元二　创新型人才的培养

企业创新型人才的培养以企业为主体，以社会为桥梁，拓宽创新型人才培养的渠道。

一、培养创新型人才的渠道

（一）立足企业需求自己培养

企业对创新型人才大量的缺口，仅靠教育的培养是远远不够的，况且创新型人才要有的不仅是理论的支撑，还必须深入实践，具备能够将知识转化为能力、文凭转化为水平的实践能力。另外，企业需要什么样的创新型人才，只有企业最了解、最熟悉。企业大量的工作岗位与新的技术装备为创新型人才提供了广阔的发展空间和舞台。从这两方面来讲，在培养创新型人才方面，企业有自己独特的优势。这就要求：一是要领导重视，形成培养"创新型"人才的共识和合力；二是形成机制，为人才提升自身的能力素质提供空间和机会；三是紧密结合岗位需要，抓好实践锻炼。

（二）借助专业机构委托培养

相对于企业来讲，专业人才多、专业特点明显、优势突出，在人才培养上已经形成了自己成熟的培养模式和道路，有丰富的经验可以借循。对此，可以通过企业提供资金，与院校科研处/所、地方专业科研机构等专业团体签订协议的方式，委托专业机构培养人才。

（三）面向社会招贤纳才引进培养

在当今这样一个信息化的时代里，企业对人才的需求同地方相比，既有专业性，更显通用性、兼容性，与企业对专业人才的短缺有所不同，社会中既包容有众多企业迫切需要的专业人才，又有大量的人才闲置。我们完全可以利用这些专业人才，稍加培训就可以充实到企业中来，既节约了成本，实现企业与地方的人才互补，又解决了企业对人才的迫切需要。

二、学校在创新型人才培养存在的问题

随着产业结构的转型和升级，社会就业结构与方向发生改变，社会发展对人才的需求也随之发生转变。近年来，校企合作政策陆续出台，改革学校人才培养模式的迫切性愈加凸显。由于国内多数学校对校企合作这一理念存在认知不深刻的问题，使得产教融合人才培养模式创新面临困难。

（一）企业作用发挥不明显

国家高度重视校企合作在学校教育中的重要作用，也特别指出要发挥企业的重要办学主体作用，但在现实的办学实践中，部分企业尚未承担起主体角色的职责，甚至缺乏参与人才培养的内生动力和积极性。

（二）校企双方责任不明确

在产教融合与校企合作协同创新人才培养模式中涉及学校、企业和政府三方面的责任，然而在进行人才培养的过程中，政府对学校和企业的责任缺少明确的划分，校企合作过程在深度和广度上达不到要求。此外，相关部门也未能深度参与校企合作的过程，没有建立起相关的顶层设计与监督机制，无法进一步促进校企合作的深入和长远的发展。

三、校企合作下的创新型人才培养途径

校企合作是一种以市场和社会需求为导向的运行机制，以培养学生的全面素质、综合能力和就业竞争力为重点，利用学校和企业两种不同的教育环境和教学资源，采取课堂教学和学生参加实际工作有机结合来培养适合不同用人单位需要的高级应用型人才的教学模式。校企合作使学生提前获取相应的工作经验，有利于毕业生进入企业后快速融入工作队伍中。

（一）学校对于创新型人才的培养

第一，学校要有教书育人的理念。创新型人才需要在德、智、体、美、劳等方面有着全面的发展。高校在教学的过程中，不仅要培养创新型人才正确的世界观、价值观和人生观，还要注重将学生的爱国情怀和责任心培养起来，加强学生在人文艺术方面和身心健康方面的培养。

第二，学校要有以学生为中心的理念。创新型人才培养的主体是学生，在教育的过程中，教育工作者要坚持因材施教和以人为本的教学原则，结合创新型人才的成长规律，构建一套培养创新型人才的个性化学习模式，培养学生跳跃的、灵活的创新思维，为学生的创新能力和主观能动性的积极发挥创造条件。

第三，学校要有以创新为重点的理念。创新型人才的核心就是创新，这就要求学校将创新意识、创新观察、创新思维等融入学生日常学习理论基础知识的过程中，并鼓励学生在已知领域中学会延伸，提出问题、分析问题，探索未知的领域。

第四，学校要有以学生成才为中心的办学理念。成才不仅是学校办学的目的，也是教师的责任，更是学生迈入社会的基础。学校应紧抓教学建设和学风建设，紧紧围绕创新型人才培养这个目标去督促学生的理论知识学习和创新实践，在学习的过程中锻炼自身的综合素质能力。

（二）学校和企业合作模式下创新型人才的培养

第一，学校在立足企业对创新型人才的需求上进行着重培养。在教育方面，学校需保障学生将专业基础知识理论掌握牢固。企业则需要提供给学校创新型人才的要求以及定期提供实践的机会，让创新型人才能够在学习理论基础的过程中，通过不断地实践加固专业知识的储备。同时，企业在培养创新型人才方面也有着独特的优势，这就要求企业和高校共同做到：企业领导和校领导加强重视，对培养创新型人才的合作达成共识，形成合力；在学校和企业的合作模式下，形成合作机制，为创新型人才提供实践的空间和机会，促使他们提升和锻炼自身的能力素质与创新能力；学校有针对性地让创新型人才进入企业学习，并紧密结合企业人才岗位需求，紧抓实践机会以锻炼学生的能力。

第二，借助专业科研机构进行委托培养。社会上的专业科研机构，有着自身的优势，如专业性人才较多、专业与实践相融合以及在培养创新型人才方面拥有本专业独特的培养模式和实践机会，且逐渐趋于成熟。因此，可以让学校和企业提供培养创新型人才的资金，与地方性的专业性科研机构等以签订协议的方法，委托培养创新型人才。

综上所述，创新型人才需要具备基本的综合素质创新精神。在学校和企业的合作模式下，培养出来的创新型人才符合企业的需求，有助于提高毕业生的就业率，对于国家的经济转型升级也有着极大的推动作用。

▶ 课后实践

1.总结培养创新型人才的途径有哪些？

2.如何在生活与学习中培养自己的创新观察能力？

模块五　创业意识和创业精神

学习目标

1.了解创业意识的要素与内容

2.能够掌握创业精神有哪些要素

案例导入

陈某毕业于北京某大学，十多年前他放弃了自己在政府中让人羡慕的公务员职务毅然下海，曾在白酒行业和房地产业工作过，后来打造了"天地壹号"苹果醋。在他悄悄进入养猪行业后，用不到两年的时间就在广州开设了近100家猪肉连锁店，营业额达到2亿元，被人们称为广州千万富翁级的"猪肉大王"。

实际上，陈某之所以能在养猪行业里、在很短的时间内就取得骄人成绩，成为拥有数千名员工的集团董事长，离不开陈某此前就经历的几次创业的"实战经验"。陈某卖过菜，卖过白酒，卖过房子，卖过饮料。这使他有这样独到的见解："很多事情，不是万事俱备、前途光明时去做才能做好，事实上这样的情况也不会出现，即使等上一辈子。而是应该在条件不充分的时候就要开始做，这样才能抓住机会。"

虽然他的公司走的还是"公司＋农户合作"的路子，但他却能够针对学生、部队等不同人群，选择不同的农户，提出不同的饲养要求。比如，为部队定制的猪可肥一点，学生吃的可瘦一点，而为精英人士定制的肉猪，据传每天吃中草药，使公司的生猪产品质量与普通猪肉"和而不同"。在这样的"精细化营销"战略下，陈某终于在很短的时间内叫响了"壹号土猪"品牌，成为广州知名的"猪肉大王"。

大学生创业群体主要由在校大学生和毕业生组成。由于大学扩招引起大学生就业难等一系列问题，一部分大学生通过创业形式实现就业，这部分大学生具有高知识、高学历的特点，但是由于大学生缺乏相对应的社会经验，所以需要全社会的关注和帮助。大学生创业逐渐被社会所认同和接受，创业者同时也肩负着提高大学生毕业就业率和社会稳定等历史使命。在高校扩招之后越来越多大学生走出校门的同时，大学生创业就成了大学生就业之外的一个社会新问题。

对一名面临就业的大学生来说，应该在正确科学地分析和评价自身是否适合创业的基础上，对自己的未来职业生涯进行合理规划，确定创业方向，并为之努力。在创业过程中，把握住好机会，有了好的商业点子，对于创业者来说还是不够的。创业者还必须树立由市场意识和合作意识、风险意识、敬业意识和信誉意识等构成的创新意识，经过不断的努力才能争取成功。

单元一　创业意识

创业意识是指人们从事创业活动的内在动力。它包括创业的需要、动机、兴趣、理想、信念和世界观等要素。创业意识集中表现了创业素质中的社会性质，支配着创业者对创业活动的态度和行为，并决定着态度和行为的方向、力度，具有较强的选择性和能动性，是创业素质的重要组成部分，是人们从事创业活动的强大内驱动力。强烈的创业意识，能够帮助创业者克服创业道路上的各种艰难险阻，并将创业目标作为自己的人生奋斗目标。

一、创业意识的要素

创业意识的形成，不是一时的冲动或凭空想象出来的，它源于人的一种强烈的内在需要，即创业需要。创业需要是创业活动的最初诱因和最初动力。当创业需要上升为创业动机时，就形成了心理动力。创业动机对创业行为产生促进、推动作用，有了创业动机标志着创业实践活动即将开始。而创业兴趣可以激发创业者的深厚情感和坚强意志，使创业意识得到进一步升华。一般在创业实践活动取得一定的成效时，便引起兴趣的进一步提高。创业理想是属于创业动机范畴，是对未来奋斗目标的向往和追求，是人生理想的组成部分。有了创业理想，就意味着创业意识已基本形成。创业者为了实现创业理想，在创业活动中经过艰苦磨炼，又逐渐建立起创业的信念。创业信念是创业者从事创业活动的精神支柱。创业世界观是创业意识的最高层次，是随着创业者创业活动的发展与成功而使创业者思想和心理境界不断升华而形成的，它使创业者的个性发展方向、社会义务感、社会责任感、社会使命感有机地融合在一起，把创业目标视为奋斗目标。

（一）创业需要

创业需要指创业者对现有条件的不满足，并由此产生的最新的要求、愿望和意识，是创业实践活动赖以展开的最初诱因和最初动力。但仅有创业需要，不一定有创业行为，只有创业需要上升为创业动机时，创业行为才有可能发生。

（二）创业动机

创业动机指推动创业者从事创业实践活动的内部动因。创业动机是一种成就动机，是努力追求获得最佳效果和优异成绩的动因。有了创业动机，才会有创业行为。

（三）创业兴趣

创业兴趣指创业者对从事创业实践活动的情绪和态度的认识指向性。它能激活创业者的深厚情感和坚强意志，使创业意识得到进一步的升华。

（四）创业理想

创业理想指创业者对从事创业实践活动的未来奋斗目标较为稳定、持续的向往和追求的心理品质。创业理想属于人生理想的一部分，主要是一种职业理想和事业理想，而非政治理想和道德理想。创业理想是创业意识的核心。

二、创业意识的内容

创业意识的内容如下：

（一）商机意识

真正的创业者，会在他创业前、创业中和创业后，始终面临着识别商机、发现市场的考验。他必须有足够的市场敏锐度，能够宏观地审视经济环境，洞察未来市场形势的走向，以便作出正确的决策来保证企业的持续发展。

（二）转化意识

仅有商机意识是不够的，还要在机会来临时抓住它，也就是把握机会，把商机转化成实实在在的收入和公司的持续运作，最终实现自己的创业梦想。转化意识就是把商机、机会等转化为生产力；把才能、知识转化为智力资本、人际关系资本和营销资本。

（三）战略意识

创业初期给自己制订一个合理的创业计划，解决如何进入市场、如何卖出产品等基本问题。创业中期需要制定整合市场、产品、人力方面的创业策略，转换创业初期战略。需要指出的是，创业战略不只有一种，也没有绝对的好坏之分，关键要适合自己的创业之路。在这条路上应时刻保持着战略的高度，不以朝夕得失论成败。

（四）风险意识

创业者要认真分析自己在创业过程中可能会遇到哪些风险，一旦这些风险出现，要懂得应该如何应对和化解。是否具备风险意识和规避风险的能力，将直接影响到创业的成败。

（五）勤奋意识

创业一定要务实勤奋，不能光停留在理论研究上。可以从小投资开始，逐步积累经验，不能只想着一口吃个胖子。没有资金、没有人脉都不要紧，关键要有好的思路和想法，有勇气去迈出第一步，才可能会成功。

单元二　创业精神

良好的精神品质是创业成功的前提。创业精神是指创业者个人的精神气质、技能水平和经济状况。创业者在决定创办一家企业之前，不仅要广泛地学习知识，不断积累经验，还需要培养自己的创业精神，以期成为一个成功的创业者。

一、什么是创业精神

创业精神是创业的心理基础，是指在创业者的主观世界中，那些具有开创性的思想、观念、个性、意志、作风和品质等。

实际上这体现了创业精神高度综合的特性：创业精神是创新精神、拼搏精神、进取精神、合作精神等多种精神特质综合作用形成的。

创业需要冒险，创业精神就是将不可能变为可能，没有条件就自己创造条件，想前人之不敢想，做前人之不敢做。当然，创业精神具有鲜明的时代特征，当生存条件恶劣时，创业者需要将解决生存问题作为创业的领域，在满足物质和经济需求后，创业者就要勇于探索新领域，开创创新企业。

二、创业精神的要素

创业精神对于创办新企业尤为重要。创业者如果没有创业精神，那么就会失去创业的动力，从根本上陷入创业的瓶颈。如果一个创业者具备全面的创业精神，那么他将在创业路途上勇往直前。创业精神包括以下9个要素。

（一）强烈的创业意识

创业意识是指创业者在创业过程中起着动力作用的个性倾向，包括需要、动机、兴趣、理想、信念和世界观等心理成分。创业意识支配着创业者的态度和行为，指导着创业者的态度和行为的方向、力度。

创业需要的是创业活动的最初诱因和动力，当需要上升为动机时，标志着创业活动即将开始。当前不少创业者不明白创业的真谛，因此创业者创业首先必须树立正确的创业意识，使自己具备创造梦想、发现机遇，凝聚梦想、不懈追求，学习新知、进取提升，突破陈规、创新创造，敢于担当、直面挑战，居安思危、自省自警的意识。

（二）充沛的创业激情

创业的过程总是困难重重、艰辛曲折。创业者需要具备极大的创业激情，将创业团队凝聚在一起，克服困难。

（三）鲜明的创业个性

创业成功者一般都有鲜明独特的个性品质：一是敢冒风险，敢于走别人没有走过的路，这样更容易抓住创业机会，创造出自己独特的东西；二是执着，全身心融入创业活动中；三是能独立自主地解决生活及创业过程中遇到的困难和问题，不受各种外来因素的干扰。

（四）顽强的意志

创业者要拥有顽强的创业意志，百折不挠地将创业行动坚持到底。创业意志主要包括创业目的明确、决断果敢、具有恒心和毅力。

（五）批判精神

批判精神是一种十分宝贵的创业精神。一个成功的创业者，首先需要的就是敢于走出经验的误区，大胆地进行创意并实践，从而捕捉到商业机会。

（六）适应能力

具备适应能力是优秀创业者应具备的重要特质之一。具有独立创业精神的现代人，必然具有较强的环境适应能力，在人与环境的互动过程中，个体能够以前瞻性的眼光与思维做出预测与判断，并及时改进、提升或按照顾客意愿定制服务，以持续满足顾客所需，而不是被动地等待时机。

（七）领导力和亲和力

好的领导人一定具有很强的个人魅力和感召力，他能更好地凝聚创业团队，成为创业团队的精神力量和榜样。

（八）合作精神

现在是一个团队合作、抱团取暖的时代，没有合作精神，单纯依靠个人的力量创业会非常困难，而具备合作精神则能够寻找到更多的创业机会，拥有更多的创业资源。

（九）诚信精神

不管做的是小生意还是大买卖，创业者都需要具备诚信精神。一个创业者或一家企业，没有诚信就无法在竞争残酷的市场立足。

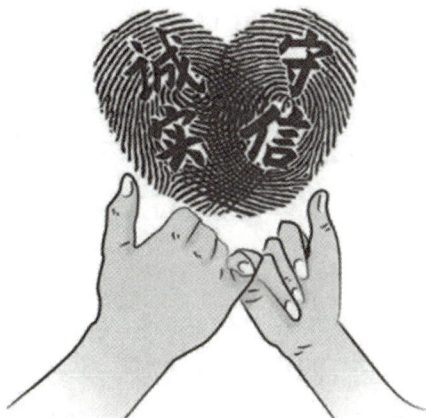

三、创业精神的培养

创业精神是一种天赋，但也可以经过后天培养。企业家并非生来就与众不同，他们在没有运作大规模公司之前，可能有过在街边售卖饮料、在车库里生产些小玩意儿等经历，他们正是借着这些经历逐步培养自己的经商技能。可见，某些商业技能是可以后天培养锻炼的。学生创业者可通过模仿、历练、实践和培训等途径培养自己的创业精神。

（一）模仿

很多行业的"开宗立派"都是先通过模仿前人的经验，再加上自己的探索创新实现的。模仿是培养创业精神较便捷的方法，良好人格的养成需要榜样的引导和激励。很多成功的创业者都有这样一种感受：他们的成功离不开一个或几个特定的人物，在他们的人生奋斗中，他们会时时按这个或这些重要人物的言行来要求自己、鞭策自己。从身边的创业成功者身上吸取经验，学习模仿他们的创业精神，可以让创业者更快成熟起来。

（二）历练

创业是艰辛的，创业环境中处处充满竞争和困难，培养创业精神较有效的方法是让创业者在真正的创业环境中进行磨炼。

人们往往是在巨大的压力下做出一番出色的事业，在创业环境中切身感受残酷的竞争，能够帮助创业者培养出坚忍不拔的创业品质，成为一个敢想、敢做的人。同时，在实际的创业环境中，可以感受创业团队的氛围，领略其他创业者的智慧和才能。

（三）实践

"实践出真知"，良好的创业精神的形成重在实践经验的积累，积极的实践能带来及时的反馈和成就感，也能带来成功的喜悦。尤其是大学生创业者，更应该真真切切地投入创业实践中，在校园内参与创业活动，如做校园代理、办理小卖部等，在从事这些小生意的过程中锻炼培养出合格的创业精神。只有通过创业实践，大学生创业者才能在以后更加清晰地明确创业目标、制订创业计划，创业信念才会更加坚定，创业精神也才能更加强大。

（四）培训

如今不只是一二线城市，甚至连三四线的小县城，政府部门都开设有创业培训班，想要创业的应届毕业生或往届毕业生都可积极参与培训。有些社会组织也为创业者提供了个性化的创业辅导服务，这些培训服务是由经验丰富的企业家或职业经理人担任创业者的指导老师，对提高创业能力有着重要作用。有不少的学生，正是通过参与培训课程，接受专业的指导，再加上老师的加油鼓励，逐步养成了一些好的创业习惯和精神。

课后实践

活动主题：模拟创业活动

将学生分成 4～6 人一组，进行模拟创业活动，并将创业过程中遇到的问题与困难记录下来，进行讨论。

模块六 初识创业

学习目标

1.学习创业概述
2.能够掌握创业的心理准备
3.熟悉创业类型及创业过程
4.明确创业者与创业团队的组建知识
5.学会用积极的心态面对创业问题

案例导入

很多有创业梦想的学生在校期间努力学习专业知识，然而有一个明确的规划无疑会让自己在创业路上走得不迷茫。某市一家连锁酒店创始人小贾给大家做了很好的榜样，在上学期间就已经规划好人生的他，努力朝着目标奋进。他告诉大家："创业需要规划，别等到60岁了，才想起自己把梦想丢到了20岁。"凡事预则立，不预则废。有了规划，创业的每一步才会走得铿锵有力。机会总是留给那些做好了准备的人，小贾同学在每个阶段都做了大量准备。

因此，在创业伊始，一定要虚心地去学习，自己就曾因无视"前辈"们的建议，一意孤行，结果导致经营受挫。实现从学业到创业的跨越，恰恰需要你对自身有一个正确的定位和认识：我想做什么，我能做什么，我能做到多少？至于学生，放低自己的位置，虚心求学，不断充电，才是创业之初最应该的状态。

单元一　创业概述

创业，无疑是当今时代极具吸引力的一个字眼，因为创业不仅意味着创造出更丰富的产品、服务，为我们自身和社会创造财富，还可以让创业者施展才能，实现自身价值和人生理想。

一、创业概述

当前是一个全民创业的时代，大学生创业已成为毕业生流向社会的一种全新的就业方式。那么，什么是创业？

"创业"一词最早出现于《孟子·梁惠王下》："君子创业垂统，为可继也。"故《辞海》将创业解释为"开创基业"，《汉语成语词典》将创业解释为"创办事业"。

综合国内外学者的观点，创业可定义为：创业者在不确定的环境中，通过发现、识别和捕捉创业机会并有效整合资源，获取商业利润，创造个人价值与社会价值的过程。

对创业概念，可以从以下5个方面进行理解。

（1）创业是一个复杂的创造过程——它创造出某种有价值的新事物。这种新事物必须是有价值的，不仅对创业者本身有价值，而且对社会也要有价值。价值属性是创业的重要社会性属性，同时也是创业活动的意义所在。

（2）创业必须要贡献必要的时间和大量的精力，付出极大的努力。要完成整个创业过程，要创造新的有价值的事物，就需要大量的时间，而要获得成功，也更需要坚韧不拔、坚持不懈的努力，而且很多创业活动的创业初期是在非常艰苦的环境下实现的。当然，创业的渐进和成功也会带来分享不尽的成就感。

（3）创业需要面对资源难题，设法突破资源束缚。一般情况下，创业者可以直接控制的可用资源往往很少，创业几乎都会经历白手起家、从无到有的过程。因此，创业者只有努力创新资源整合手段和资源获取渠道，才能真正摆脱资源约束的困境。

（4）创业需要寻求有效机会。创业通常离不开创业者识别机会、把握机会和实现机会的有效活动。创业者从创业起始就需要努力识别商业机会，只有发现了商业机会，才有可能更好地整合资源和创造价值。因此，一般认为寻求有效机会是产生创业活动的前提。

（5）创业要承担必然的风险。创业的风险可能有各种不同的形式，取决于创业的领域和创业团队的资源。但通常的创业风险主要有人力资源风险、市场风险、财务风险、技术风险、外部环境风险、合同风险、精神方面的风险等几个方面。创业者应具备超人的胆识，甘冒风险，勇于承担多数人望而却步的风险事业。

二、创业的关键要素

机会、团队和资源视为创业的三大核心要素，其中任一要素的弱化都会破坏三者之间的平衡。

（一）创业机会

创业机会就是创业者可以利用的商业机会。从创业过程的角度来说，创业机会是创业的起点，创业过程就是围绕着创业机会进行识别、开发、利用的过程。

（二）创业团队

创业团队是指在创业初期（包括企业成立前和成立早期），由一群才能互补、责任共担、愿为共同的创业目标奋斗的人所组成的特殊群体。

（三）创业资源

创业资源是指创业企业在创造价值的过程中需要的特定资产，包括有形资产与无形资产。它是企业创立和运营的必要条件，主要表现为创业人才、创业资本、创业技术和创业管理等。

我们可以从以下几个方面来认识创业各要素之间的相互关系：第一，创业机会是创业过程的重要驱动力，创业团队是创业过程的主导者，创业资源是创业成功的必要保证。创业过程始于创业机会，而不是资金、战略、网络、团队或创业计划。开始创业时，创业机会比资金、团队的才干和能力及合适的资源更重要。在创业过程中，创业机会与创业资源之间经历着一个"适应—差距—适应"的动态过程。第二，创业过程是创业机会、创业团队与创业资源三个要素匹配和平衡的结果。创业团队要善于配置和平衡，借此推进创业过程，包括对创业机会的理性分析和把握，对创业风险的认识和应对，对创业资源的合理配置和利用，对工作团队适应性的认识和分析等。第三，创业是一个连续不断地寻求平衡的行为组合。三个要素的绝对平衡是不存在的，但创业过程要保持发展，必须追求"动态的平衡"。这期间，创业团队必须思考的问题包括：目前的团队能否领导新创企业未来的成长？新创企业面临怎样的资源状况？下一阶段的运作与成功面临哪些困难与陷阱？这些问题在新创企业发展的不同阶段会以不同的形式出现，它牵涉到新创企业的可持续发展。

许多成功的创业者正是因为其年轻的时候有梦，勇于追梦，并且主动寻找创业资源，秉持创业的热情与奋斗精神，在自己钟爱的领域发光发热。

三、创业的特征

创业具有自觉性、创新性、风险性、利益性、曲折性5种特征。

1. 自觉性

创业是创业者自觉做出的选择，是其能动性的反映。

2. 创新性

创新是创业的主旋律。创业过程是一个不断创新的过程。只有不断创新，企业才会有生命力。

3. 风险性

创业是有风险的。一般来说，创业可能有5个方面的风险：一是政策风险，特别是临时性、突发性出台的政策法规，对创业企业可能产生较大打击；二是决策风险，不同的决策方案有不同的机会成本，创业者对于市场的把握和经验的缺乏都容易放大这样的风险；三是市场风险，这是核心风险因素，如更强势的竞争对手出现导致竞争加剧，市场形势变化；四是扩张风险，如果扩张很盲目，超出企业能力范围，与市场需求不符，是极其危险的；五是人事风险，人事风险不仅仅表现在使企业组织不能正常运行上，还表现在员工不能为创业企业所用，到竞争对手那里去挖创业企业的"墙脚"等。

4. 利益性

创业以增加财富为目的，没有利益的驱动，就不会有人愿意承受创业所面临的风险。创业过程中获利的多少，往往也是人们衡量创业者成功与否的重要标志。

5. 曲折性

创业者往往要受到重重挫折，经过多年艰苦奋斗，倾注大量心血，才可能获得成功。创业者必须做好吃苦的思想准备，只有在困难面前不屈不挠，才能成为笑到最后的成功者。

单元二 创业类型及创业过程

为提升中国未来的国家竞争力,需要国内有更多的创新型产业、高科技产业,而无论是这些新兴产业的产生,还是原来旧有的传统产业往高科技方向的转型,都离不开创新创业型人才。通过创新创业训练计划的方式,增加实践的机会和比例,让广大学子们心中种下一颗创新创业的种子,未来就有可能遍地开花。

一、创业的类型

创业活动涉及各行各业,创业者的创业动机千差万别,创业项目和领域多种多样,创业的类型也因此呈现多样化,可以从不同的角度做出分类。

(一)基于创业动机的分类

2001年,全球创业观察(Global Entrepreneurship Monitor,GEM)报告最先提出了生存型创业和机会型创业的概念,并逐年对机会型创业和生存型创业的概念进行丰富。依据创业者的创业动机可以将创业分成生存型创业和机会型创业。

(1)生存型创业。所谓生存型创业,是指创业者受生活所迫,出于没有其他更好的选择,即不得不参与创业活动来解决其所面临的困难。这种类型的创业者,最初或许根本就没什么创业的概念以及什么伟大的理想与梦想,只是出于生存的渴望与责任,在现有市场中捕捉机会,从事低成本、低门槛、低风险、低利润的创业。譬如,我国改革开放初期的创业者大都属于这种类型。清华大学的调查报告说，这一类型的创业者，在当时历史时期占中国创业者总数的90%。

生存型创业大多属于复制型和模仿型创业，创业项目多集中在餐饮、美容美发、商业零售、房地产经纪等比较容易进入的生活服务业，一般规模较小，竞争比较激烈。对生存型创业者来说，要想做大做强，必须克服小富即安的惰性思想，善于抓住机遇，走机会型创业的道路。

（2）机会型创业。所谓机会型创业，是创业者基于实现自我价值的强烈愿望，在发现或创造新的市场机会下进行的创业活动。从事机会型创业的人通常不会选择自我雇佣的形式，而是具有明确的创业梦想，进行了创业机会的识别和把握，有备而来。相比生存型创业，机会型创业不仅能解决自己的就业问题，而且能解决更多人的就业问题，有可能创造更大的经济效益，从而改善经济结构。所以，无论是从缓解就业压力还是改善经济结构的目的出发，政府和社会应该更加关注机会型创业，大力倡导机会型创业。

（二）基于创业形式的分类

根据创业对个人及市场的影响程序进行分类，可以将创业分成复制型创业、模仿型创业、安定型创业和冒险型创业。

（1）复制型创业。复制型创业即在现有经营模式基础上，简单复制原有公司的经营模式进行的创业。例如，某人原本在餐厅里担任厨师，后来辞职自行创立了一家与原服务餐厅类似的新餐厅。

在现实社会中，新企业中属于复制型创业的比例很高，且由于前期经验的累积，创业的成功率较高。

（2）模仿型创业。这种形式的创业，对于市场虽然也无法带来新价值的创造，创新的成分也很低，但与复制型创业的不同之处在于，创业过程对于创业者而言还是具有很大的冒险成分。例如，某一制鞋公司的经理辞掉工作，开设一家当下流行的网络咖啡店。这种形式的创业具有较高的不确定性，学习过程长，犯错机会多，代价也较高昂。这种创业者如果具有适合的创业人格特性，经过系统的创业管理培训，掌握正确的市场进入时机，还是有很大机会可以获得成功的。

（3）安定型创业。这种形式的创业，虽然为市场创造了新的价值，但对创业者而言，无太大的改变，做的也是比较熟悉的工作。这种创业类型强调的是创业精神的实现，也就是创新的活动，而不是新组织的创造，企业内创业即属于这一类型。例如，研发单位的某小组在开发完成一项新产品后，继续在该企业部门开发另一项新产品。

（4）冒险型创业。冒险型创业是一种难度很高的创业类型，有较高的失败率，但一旦创业成功，投资回报也高得惊人。这种类型的创业如果想获得成功，必须在创业者能力、创业时机、创业精神发挥、创业策略研究拟定、商业模式创新、经营模式设计、创业过程管理等各方面，都有很好的搭配。

（三）基于创业起点的分类

依据创业者的起点，创业可分为创建新企业和企业内创业。

（1）创建新企业。创建新企业是指创业者或团体从无到有地创建全新的企业组织。这个过程充满机遇，创业者和团队的想象力、创造力可以得到最大限度的发挥，但风险和难度较大，创业者会遇到缺乏资源、经验和相关方支持的困境。

（2）企业内创业。企业内创业是指在已有公司或企业内进行创新创建的过程，意指现有的公司为了适应市场环境的变化，开发新的产品或者服务，实现提高公司竞争力和盈利能力而开展的创业活动。

通常情况下，企业内创业是由有创意的员工发起的，在企业支持下从事企业内部新项目的创业，并与企业分享创业成果。在创业领域，企业内创业由于其独特的优势而受到越来越多创业者和企业的关注。

三、创业的过程

创业过程是由创业者从产生创业想法到创建新企业或开创新事业并获取回报，涉及识别机会、组建创业团队、寻求融资等一系列活动组成的流程，通常分为以下几个主要环节。

（一）产生创业动机

创业活动的主体是创业者，创业活动首先取决于个人是否有创业意愿，即是否希望成为创业者。创业动机就是有关创业的原因和目的，即为什么要创业、为何创业的问题。创业动机是指引和维持创业者从事创业活动，并使活动朝向特定目标的内部动力，是鼓励和引导创业者去发现和识别市场机会，为实现创业成功而行动的内在力量。

当然，也有不少人是因为看到了创业机会，由于潜在收益的诱惑，才产生了创业动机，进而成为一名创业者或创业团队成员。

（二）识别创业机会

识别创业机会是创业过程的核心环节。李嘉诚说过："机会存在是客观的，机会发现是主观的，只要做一个有心人，发现机会的存在不是一件困难的事情。"创业者在识别创业机会阶段应有敏锐的嗅觉，能够广泛结交朋友、交流沟通，以便能准确地寻找和识别创业机会，分析并判断其商业价值，最终抓住创业机会。创业机会具有及时性，所以创业者发现创业机会的时候必须迅速地识别创业机会，评价创业机会的价值。

（三）整合有效资源

创业者与创业资源的关系就如同鱼和水的关系，获取不到创业所需的必备资源，创业机会对创业者而言就毫无意义。要想干一番事业，必须具有企业创立以及成长过程中所需要的各种生产要素和支撑条件。因此，整合资源是创业者开发机会的重要手段。一般情况下，创业者可以直接控制的可用资源往往很少，创业几乎都会经历白手起家、从无到有的过程。对创业者来说，整合资源往往意味着需要"借船出海"，要善于尝试依靠盘活别人掌握的资源来帮助实现自己的创业梦想。创业者所需要整合的资源，有组建创业团队、筹集创业资金、选择经营场地、建立销售渠道等。

（四）创办新企业

企业是创业者行为的产物，是创业者实现创业梦想的实体基础。创建新企业包括选择适当的企业法律形式和经营地址、公司制度设计、企业注册、确定进入市场的途径，包括是选择完全新建企业还是采取加入或收购现有企业等。值得注意的是，许多创业者在创业初期迫于生存的压力，以及对未来缺乏准确预期，往往容易忽视这部分工作，结果给以后的发展留下了隐患。

（五）新企业的生存和成长

企业一经建立，首先面临的是生存问题，包括创业初期的市场营销、产品设计和规划、财务和售后服务体系建立等。这一阶段包括选择正确的管理模式，明确创业成功的关键，及时发现运作中出现的问题和可能出现的问题，并完善相应的管理和控制系统，确保企业或店铺的正常运作。在安全度过生存期后，创业者需要了解新创企业成长的一般规律，预想可能面临的问题，如何防范和解决，如何实现新企业的扩张和发展，收获创业回报。

（六）创业过程模型

蒂蒙斯教授所提出的创业过程模型（如图6-1所示），被称为"蒂蒙斯模型"。

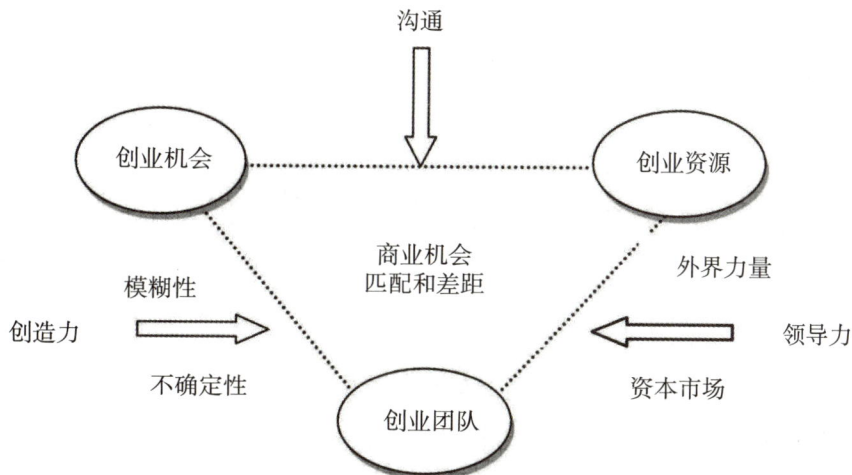

图 6-1 创业过程模型

蒂蒙斯模型主要表明了以下观点：

第一，创业机会、创业团队和创业资源这三个要素是缺一不可的。没有机会，创业活动就成了盲目的行动，根本谈不上创造价值；机会普遍存在，没有创业者识别和开发机会，创业活动也不可能发生；合适的创业者把握住合适的机会，还需要有资源，否则机会就无法被开发和利用。所以说，创业机会是创业过程的核心驱动力，创业团队是创业过程的主导者，创业资源是创业成功的必要保证。

第二，创业过程是创业机会、创业团队和创业资源三个要素匹配和平衡的结果。处于模型底部的创业团队要善于配置和平衡，借此推进创业过程。而创业团队要做的核心过程包括：对商业机会的理性分析与把握，对风险的正确认识和规避，对资源的最合理的整合和利用，对工作团队适应性的分析和认识。

第三，创业过程是一个连续不断地寻求平衡的行为组合。企业要保持发展必须追求三个要素的动态平衡。创业者应保持平衡的观念，通过思量如下问题展望企业的未来：目前的团队是否能领导公司未来的成长和平衡资源状况；下一阶段成功面临的陷阱。这些问题在不同的阶段以不同的形式出现，关系到企业的可持续发展。

总之，在模糊和不确定的动态的创业环境下，创业者或创业团队推进业务的过程中，应保持并提高创造性地捕捉商机、整合资源以及构建战略、解决问题的能力，始终勤奋工作、富有牺牲精神。

单元三　创业的心理准备

一些成功的案例告诉我们，创业者与一般求职者的心理素质是有区别的。有志于创业的人，除了要注意克服择业时普遍存在的心理问题，还要做好以下几个方面的心理准备：强烈的创业热情（对事务保持热情和专注的能力），异于常人的坚持与努力（百折不挠与坚持不懈的意志力），自信、积极、乐观的良好心态（对外部负面评价与指责等责难有较强的心理承受能力）。而如今，很多的年轻人对于创业都有着渴望，都希望自己可以成功，但是真正去做的时候，就很容易眼高手低。所以当前的市场，你想要成功，你付出的就要更多一些。年轻人创业需要付出更多的努力，这也是你想要获得成功必经的过程。

一、培养并保持创业激情

人们常说，一个人要做一件好事不难，难的是做一辈子好事。在创业路上，如何保持长盛不衰的创业激情，对感兴趣、不感兴趣的事务都能保持热情和专注的能力呢？

（一）分解目标逐步实现

激情，就是我们在前进过程中长盛不衰的源动力。要长久保持这份激情首先要做的是明确自己的目标，明确我们在这个行业中到底要寻找什么，在通往这个目标的过程中要去做什么。只有心中明白了这一点，才不会在"长征"中迷失方向。

相信每一个人心中都有理想。也许有的人会说，这个目标对目前的我们来说确实还很"远大"，显得有些可望而不可即。其实，这并没有关系，我们可以尝试学会"分解目标"。比如：把几十千米的比赛线路分成很多小段，这样我们所需要面对的就不再是遥不可及的终点，而是几百米之外一个抬头就能看见的大桥或者办公楼。把目标分成阶段，并一点一点去实现它，会让我们在面临压力时轻松很多，也能增强我们实现目标的信心。

除此之外，我们还要将所从事的事业当作一种信仰。古人云："乐之者不如好之者"。当我们发自内心地喜欢这份事业，甚至达到一种狂热的时候，去面对困难、克服困难的意愿要强烈许多。当然我们也要对创业的难度有理性的认识，在踏上坎坷曲折的道路之前，有一个心理准备，并不是一件坏事。

一个善于成功的人，必定善于激励自己。在创业中要获得成功，更需要练就较强的自我激励和自我调整能力。比如，可以尝试经常想到自己的目标，为自己描绘一下未来事业的蓝图，并为自己营造一个上进、易于自我激励的氛围。

当然，我们还要经常为自己"充充电"。如果说工作是一种能量的释放，是"放电"的话，如果只放不充，那"电"迟早会用完。保持良好的学习习惯，提升自己的专业能力，拓宽知识面，会为我们在前进道路上补充更多的能量。阅读一本励志书籍、旅游放松一下，都可以为我们更好地投入以后的工作带来帮助。

（二）保持心中有一份希望、一份责任

也许大家都听说过这么一个故事，有一位刚刚走上工作岗位的护士，在工作不到一个星期时就提出了辞职，因为她受不了在医院中每天都看到有人去世。这时候，一位比她年长的老护士带她走遍了医院的每一个角落，带她去看了每一位病人病痛痊愈出院时的欢乐，带她去看了每一位新生婴儿出生的喜悦。让这位年轻的护士看到了医院的另一面，充满希望的一面。于是，年轻的护士留下来了……其实，创业之路也是一样，也许每一天都有人遇到"伤痛"，也许每一天都有人离开，但是我们更应该保持心中的一份希望。因为每一天都有新的朋友成为我们的客户，每一天都有新的伙伴加入我们的神圣事业。

同样，我们还需要时刻谨记一份责任。团队中的每一位伙伴都在关心我们，时刻关注我们。一位客户都如此信任我们、期待我们，我们又怎么能因为遇到一些压力就止步不前呢？如果我们失去心中的激情，逐渐懈怠下去，那我们的伙伴、我们的客户该怎么办呢？我们需要承担起一份责任！

如果身为一位团队领导者，就更应该强化这一意识，不仅仅是自己要明白这一点，还要将这一份希望、这一份责任带给我们身边的每一位伙伴，让大家在前进的道路上走得更远。

二、坚持与努力

坚持的一个关键点就是：在遭到三番五次的挫折、打击，甚至磨难之后，还能做到永不放弃。坚持往往并不是轰轰烈烈的壮举，相反，它蕴含在平凡、孤独与寂寞之中。

（一）坚持到底

有位哲人曾说过："每一项错误都是学习的机会。只是不要一再地犯同样的错误，因为那是愚蠢的。即使可能犯更多的错误，不要害怕，因为那是让你自然学习的唯一方式。"

在挫折和失败面前至少有三种人：第一种人，遭受了失败的打击，从此一蹶不振，成为让失败一次性打垮的懦夫，此为无勇亦无智者；第二种人，遭受失败的打击，并不知反省和总结经验，仅凭一腔热血，勇往直前，这种人往往事倍功半，即便成功，亦常如昙花一现，此为有勇而无智者；第三种人，遭受失败的打击，能够极快地审时度势，调整自身，在时机与实力兼备的情况下再度出击，卷土重来。这一种人堪称智勇双全，成功常常降临在他们头上。

面对挫折要调整好心态，"明天又是崭新的一天"，还会有再次成功的机会，从逆境中积累宝贵的经验本身也是一种成功。

每一个人都见过成功的彩虹，都尝过成功的喜悦，而成功的秘诀是什么呢？那就是坚持不懈、百折不挠的精神。

从毛毛虫蜕变成蝴蝶，是一个艰难的、痛苦的过程，但它并没有因此而放弃，而是凭着坚持不懈的精神，最终赢得了美丽。蚌壳里钻进了一粒细小的沙粒，使它不断地分泌汁液，这种过程是一种折磨、一种煎熬。但它并没有向困难低头，而是凭着坚持不懈、百折不挠的精神，一层一层地包裹着这粒细小的沙，最终它孕育出了绚丽夺目的珍珠。

事实证明，无论多么艰难的事情，只要你有坚持不懈的精神，你就能战胜困难，收获成功的硕果。

海伦·凯勒是个家喻户晓的人物，她也是一个在无声的黑暗世界里摸索的少女。但她并没有因此而自暴自弃，而是以她惊人的毅力和坚持不懈的精神，掌握了大量的知识，创造了生命的奇迹。

贝多芬，这位著名的音乐家创作了许许多多优秀的音乐作品。风华正茂的他，面对耳朵失聪这一致命的打击，并没有向命运低头，而是更加努力地创作音乐，凭着坚持不懈和百折不挠的精神，创作了举世闻名的《命运交响曲》。这是他心灵的呼唤，是他灵魂的发泄。

爱迪生，这位给人类世界带来光明的科学家，在他发明电灯的时候，屡次碰壁。面对2 000多次的失败，他并没有放弃，仍然执着地追求着，废寝忘食地钻研着。终于，他凭着自己坚持不懈和百折不挠的精神，取得了成功。从此，人类的夜晚不再只有黑暗陪伴，而是变得更加美丽、更加明亮、更加繁华。

蒲松龄，曾先后参加了四次科举，却从未及第，但他并未因此颓废，而是要立志完成一部"孤愤之书"，于是他在镇纸上刻着这样一副对联："有志者，事竟成，破釜沉舟，百二秦关终属楚；苦心人，天不负，卧薪尝胆，三千越甲可吞吴。"他以此自警自勉，最终，凭着自己坚持不懈和百折不挠的精神，完成了一部宏伟著作——《聊斋志异》。

以上这些都告诉了我们这样一个道理：坚持就是胜利。

创业路上不可能是一条平坦的大道，而总是布满了荆棘。但是阳光总在风雨后，只要你有着坚持不懈和百折不挠的精神，就一定会越过山和海、看到彩虹。

（二）比别人更努力

无论是工作还是生活，努力是必要的，也是值得的！

在创业道路上，或许经过一段时间的努力后，仍没有得到想要的结果，往往就开始动摇起来，怀疑自己的努力是不是值得，自己的努力是不是白费了。信念动摇了，那么危机也随着出现了。

抱怨生活的人实在是太多。如果你想得到100分，你至少必须做到100件事，也许前面99件事情都看不到任何成效，但你最需要做的就是比别人更努力，完成你的第100件事！成功者往往都是比别人更努力了一下。

俗话说："万丈高楼平地起"，可是，平地拔起的高楼需要一个坚实的地基！一个人的成功也是如此，他不是靠幸运、不是靠机会，而是靠一点一点的成就积累的。

三、调整创业心态

良好的创业心态，是每个创业者理智步入成熟、走向成功的基础。成功得意而不忘形，遇挫临危而不慌乱，这些都是创业者保持良好心态的准则。心态是控制创业心灵平衡的砝码，调整心态是一项循序渐进的事，同样也是每个创业者每天的"功课"。

（一）树立良好的创业心态

1.要有积极、乐观、自信的心态

创业过程中，要学会"在战略上藐视敌人，在战术上重视敌人"。创业也许很顺利，也许是一条艰难和充满风险的道路。但不管怎样，对于一个创业者来说，首先要自信，要相信自己的选择是正确的，相信自己能成功。自信是人生和事业成功的基础，如果你对自己的选择一点信心都没有，不如干脆放弃。当然，自信不是盲目的自信，而是建立在理性分析基础上的自信。

2.要有吃苦的心理准备

这一条其实不用多说。创业不同于普通上班，朝九晚五，时间固定，每个星期还有两天假日可休息、可娱乐，可对自己进行心理休养。自己创业，意味着没有休息日，意味着没有固定的休息时间，加班变成一种常态。也有可能你必须什么活都做，重的、轻的、精通的、不熟悉的，你都要能拿得起。创业的时候，没有领导的约束了，你必须克服你身上的惰性，学会自我约束。

（二）要有独立分析和决策的心理准备

读书时，自己不用操心，父母给你安排好了一切，你的道路很清晰。上班时，作为一个普通员工，或者你已经习惯了老板或上司给你分配工作任务。一句话，你可以有一定的依赖性。而当你选择了自己创业，你就无法享受这种依赖性。一切都要靠你自己，你必须对自己负责，父母和朋友只能起辅助作用，甚至根本无法依靠。这时你就必须培养独立的分析能力和决策能力。你必须自己给自己制定工作计划，学会时间和事务管理。你必须自己决定经营和发展方向，自己决定怎样调配资源。

（三）要有承受压力和挫折的心理准备

因为是自己的事业，你会面临很多压力：经营处于低潮怎么办？客户纠纷怎么处理？员工工作不称职怎么办？工商税务怎么对付？现金流中断怎么办？遇见突发事件怎么办……这一切都会让你产生压力感和挫折感，让你痛苦，让你辗转难眠。同时，创业还面临一定的风险，你也有可能失败，甚至辛辛苦苦筹集的资金都打了水漂，让你第一次创业便遭受沉重的打击。

郑女士和崔女士同样在市场上经营服装生意，她们初入市场的时候，正赶上服装生意最

不景气的季节，进来的服装卖不出去，可每天还要交房租和市场管理费，眼看着天天赔钱。

这时，郑女士动摇了，她以赔了3 000元钱的价钱把服装精品屋兑了出去，并发誓从此不再做服装生意。而崔女士却不这样想。崔女士认真地分析了当时的情况，觉得赔钱是正常的，一是自己刚刚进入市场，没有经营经验，抓不住顾客的心理，当然应该交一点学费；二是当时正赶上服装淡季，每年的这个季节，服装生意人也都不赚钱，只不过是因为他们会经营，能够维持收支平衡罢了。而且，崔女士对自己很有信心，知道自己适合做服装生意。

果然，转过一个季节，崔女士的服装店开始赚钱。三年以后，她已成为当地有名的服装生意人，每年可有5万元的红利。而郑女士在三年内改行几次，都未成功，仍然一筹莫展。

事物都有其两面性，问题就在于当事者怎样去对待它们。上面提到的郑女士只看到赔钱的一面，而看不到将来会赚钱的发展前景，不能以积极的态度去分析事物；而崔女士的态度则是积极的，她更多地从将来的角度看待当前的不景气，所以，她能顶住压力，坚持到成功。

单元四　创业者与创业团队的组建

创业是创业者积极寻找机会，积极整合资源，充分利用机会，实现价值创造的过程。创业者就是自主创业、在追求个人富足和自身价值实现的同时创造社会财富和吸纳劳动力，切实为国家经济发展和社会进步做出积极贡献的群体。

一、创业者概述

创业者一词由法国经济学家坎迪龙（Cantilion）于1775年首次引入经济学。1800年，法国经济学家萨伊（Say）首次给出了创业者的定义，他将创业者描述为将经济资源从生产率较低的区域转移到生产率较高区域的人，并认为创业者是经济活动过程中的代理人。而经济学家奈特则赋予了创业者不确定性决策者的角色，认为创业者要承担由于创业的不确定性所带来的风险。熊彼特则认为创业者应为创新者。后来创业者概念中又加了一条，即具有发现和引入新的、更好的、能赚钱的产品、服务和过程的能力。总之，创业者的内涵随着经济的发展而不断扩大。

本教材认为：创业者就是自主创业、在追求个人富足和自身价值实现的同时创造社会财富和吸纳劳动力，切实为国家经济发展和社会进步做出积极贡献的群体。总之，无论哪一个层面的创业者，都需要创新、创造，都需要寻觅机会，规避风险，获得回报。

二、创业团队的组建

创业团队的组建是一个相当复杂的过程，不同类型的创业项目所需的团队不一样，创建步骤也不完全相同。

（一）创业团队的组建

创业者能否走得更远，取决于创业者和创业团队的基本素质。企业的成长是人才成长的一个集中体现。企业的成功也是人才的成功。搭建一支优秀的创业团队对任何创业者而言，都是一项至关重要的工作，因为它决定创业的成功。那么，怎样才能组建一支优秀的创业团队呢？创业者组建创业团队前需要了解基本原则，然后按照一定的步骤来进行，这样才能使团队更加合理，最大限度发挥团队的作用。

创业者组建成功的创业团队，主要有以下6个步骤。

1. 识别创业机会，明确创业目标

识别创业机会是组建创业团队的起点。如果创业机会的市场层面拥有较多优势，就需要较多的市场开拓方面的人才；如果创业机会的产品层面拥有较多的优势，就需要较多的技术人才。

创业团队的总目标是通过完成创业阶段的技术、市场、规划、组织、管理等各项工作使企业从无到有、从起步到成熟。确定总目标之后，为了推动团队最终实现创业目标，还需将总目标加以分解，设定成若干可行的、阶段性的子目标。

2. 制订创业计划

在确定了各阶段性子目标及总目标之后，就要开始研究如何实现这些目标，这就需要制订周密的创业计划。创业计划是在对创业目标进行具体分解的基础上，以团队为整体来考虑的计划，它确定了创业团队在不同的创业阶段需要完成的阶段性任务，通过逐步实现这些阶段性目标来最终实现创业目标。

3. 寻找创业伙伴

招募合适的团队成员是创业团队组建关键的一步。关于创业团队成员的招募，主要应考虑以下两个方面的内容。

第一，互补性：即考虑新招募的成员能否与其他成员在能力或技术上形成互补。这种互补性既有助于强化团队成员间彼此的合作，又能保证整个团队的核心战斗力，更好地发挥团队的作用。一般来说，一个创业团队至少需要管理、技术和营销3个方面良好的沟通协作关系，创业团队才可能稳定、高效地运转。

第二，适度规模：适度的团队规模是保证团队高效运转的重要条件。团队成员太少则无法实现团队的功能和优势；团队成员过多则可能会产生交流障碍，团队很可能会分裂成许多较小的团体，进而大大削弱团队的凝聚力。一般来说，创业团队的规模应控制在2～12人。

4. 职权划分

为了保证团队成员执行创业计划、顺利开展各项工作，必须预先在团队内部进行职权划分。创业团队的职权划分就是根据执行创业计划的需要，具体确定每个团队成员所要承担的职责以及拥有的相应权限。团队成员间职权的划分必须明确，既要避免职权的重叠和交叉，又要避免无人承担某项职责而造成工作上的疏漏。此外，由于团队处于创业过程中，面临的创业环境较为复杂，会不断出现新的问题，团队成员可能会不断更换，所以创业团队成员的职权也应根据需要不断地进行调整。

5. 构建创业团队制度体系

创业团队制度体系体现了创业团队对成员的控制和激励能力，其主要包括团队的各种约束制度和各种激励制度。

第一，约束制度：创业团队通过各种约束制度（主要包括纪律条例、组织条例、财务条例、保密条例等）约束成员，避免其做出不利于团队发展的行为，以保证团队的稳定。

第二，激励制度：创业团队要实现高效运作需要有效的激励机制（主要包括利益分配方案、奖惩制度、考核标准、激励措施等），使团队成员能够看到随着创业目标的实现其自身利益将会得到怎样的改变，从而达到充分调动成员的积极性、最大限度发挥团队成员作用的目的。创业团队要实现有效的激励首先就必须界定清楚成员的收益模式，尤其是关于股权、奖惩等与团队成员利益密切相关的事宜。

需要注意的是，创业团队的制度体系应以规范化的书面形式确定下来，以免造成混乱。

6. 团队的调整融合

完美组合的创业团队并非创业一开始就能建立起来，很多时候，团队是企业创立一段时间之后，随着企业的发展逐步形成的。随着团队的运作，团队组建初期，在人员匹配、制度设计、职权划分等方面的不合理之处会逐渐暴露出来，这时就需要对团队进行调整融合。由于问题的暴露需要一个过程。完成了前面的步骤之后，团队的调整融合工作会专门针对运行中出现的问题不断地对前面的步骤进行调整，直至满足实践需要为止。

在进行团队调整融合的过程中，最重要的是要保证团队成员间经常进行有效的沟通与协调，培养强化团队精神，提升团队士气。

一个成功的创业者需要知道如何管理团队，并具备高效的团队运作能力。一般而言，创业团队需要从以下几个方面来进行管理。

（二）组建创业团队的基本原则

创业者组建创业团队时，需注意以下几个原则。

1. 目标明确、合理原则

创业目标必须明确、合理、切实可行，这样才能使团队成员清楚地认识到共同奋斗的方向，才能真正达到激励的目的。

2. 互补原则

创业者之所以寻求团队合作，其目的就在于弥补创业目标与自身能力之间的差距。只有当团队成员相互间在知识、技能、经验等方面实现互补时，才有可能通过相互协作发挥出"1+1>2"的协同效应，因此团队成员之间要做到诚实守信、志同道合、取长补短、分工协作、权责明确。

3. 精简高效原则

为了减少创业期间的运作成本，各成员最大比例地分享成果，创业团队成员构成应在保证企业能高效运作的前提下尽量精简。

4. 动态、开放原则

创业是一个充满不确定性的过程，团队中可能因为能力、观念等多种原因不断有人离开，同时也不断有人要求加入。因此，创业者在组建创业团队时，应注意保持团队的动态性和开放性，吸纳更多有能力且志同道合的团队成员。

5. 扬长避短，恰当使用

世上的人虽然是各种各样的，但是，以创业者用人的眼光去看，大致可分为三类：一是可以信任而不可大用者，这是那些忠厚老实但本事不大的人；二是可用而不可信者，这是那些有些钻营弄巧、甚至不惜出卖良心的人；三是可信而又可用的人。作为创业者，都想找到第三种人。但是这种人不易识别，往往与用人者擦肩而过。为了企业的发展，创业者各种人物都要用。只要在充分识别的基础上恰当使用，扬长避短，合理配置，就能最大限度地发挥人才的作用。

人有所长，必有所短。创业伙伴之间的优势最好呈互补关系。选择的时候要看清其长，以后也要学会包容其短。所谓取长补短，就是取别人的长，补自己的短。此为团队的真正价值，长城不是一人筑成；想做出点成绩，就得有做事情的开放心态。当你是内向型性格，不善于交际，只适合从事技术工作时，那你就最好找富有公关能力、会沟通、能处理复杂问题的搭档；当你是急性子，脾气比较暴躁且又自认为很难改正时，最好找慢性子、脾气温和的搭档——因为合作中的摩擦是在所难免的，一急一缓可以相得益彰。

6. 既要讲独立，也要讲合作

创业者在创业过程中既要讲独立，也要讲合作。适当的合作（包括合资）可以弥补双方的缺陷，使弱小企业在市场中迅速站稳脚跟。春秋时代战国七雄尚讲合纵连横，创业者更需要从创业整体规划出发，明确哪些方面的技能和资源是自己所欠缺的，再以此来寻找相关具备此类技能和资源的合作人，大家的资源和技能实现整合，共同发展。

团队是公司的魂，是公司最终成功的重要的保证。一个好的合伙人可以帮助企业腾飞；同样，一个不合格的合伙人，给企业带来的只能是灾难。所以，对于创业者而言，选择合作伙伴，意味着将企业未来几年的命脉与人共享。那么在共享权力之前，就必须认真地考察合作伙伴。

对创业者而言，可能在创业初期会面临各种各样的困难，会造成见到光头就以为是和尚、捞到根稻草就以为能救命的情况。这时候就需要鉴别能力，冷静地分析可能的合作伙伴，谁更有利于企业的发展。

7. 志同道合，目标明确

找创业搭档就跟找对象一样重要，对方是你事业上的另一半，在共同的创业过程中是否会与你同舟共济、福难同当是至关重要的。比如"拳头"，一个拳头由5个手指组成，如果5个指头握紧地打出去，可以打死一个人。但分散开来，用每个手指去戳人，也许连皮都戳不破。

团队的成员应该是一群认可团队也为团队里的成员所认可的人群。否则的话，就没有必要加入。在明确了一个团队的目标时，作为团队的负责人，应该以这个共同的目标为出发点，来召集团队的成员。团队是不能以人数来衡量的。如果你有一群人，但没有共同的理想和目标，那这就不是一个团队，而是一群乌合之众。这样的团队是打不了仗的。所以，你和你的伙伴应是志同道合的，有共同的或相似的价值追求和人生观。

优秀的创业团队的所有成员都应该相互非常熟悉，知根知底。《孙子兵法》有云："知己知彼，百战不殆。"在创业团队中，团队成员都非常清醒地认识到自身的优劣势，同时对其他成员的长处和短处也一清二楚，这样可以很好地避免团队成员之间因为相互不熟悉而造成的各种矛盾、纠纷，迅速提高团队的向心力和凝聚力。

现在，国内许多大学生选择创业，他们选择的合作伙伴也多是同学、朋友、校友，但是还是很快就失败了。为什么呢？因为他们选择的合作伙伴虽然都是他的"熟人"，但是他的那些"熟人"之间是缺乏交流、沟通的。说到底，还是团队成员是相互陌生的。甚至在许多校园BBS上，一些同学有一项新发明，或者是好创意，立即广发"英雄贴"，虽然都是同龄人，但是毕竟没有共同经历过"血与火"的考验，这样的团队成员之间是缺乏凝聚力的。

所以，优秀的创业团队首先要确保自己的团队内所有核心成员都是相互熟悉的人。

（三）影响创业团队组建的因素

创业团队的组建受多种因素的影响，这些因素相互作用共同影响着创业团队的组建过程，并进一步影响着团队建成后的运行效率。

1. 创业者

创业者的能力和思想意识从根本上决定了是否要组建创业团队、团队组建的时间表，以及由哪些人组成团队。创业者只有在意识到组建团队可以弥补自身能力与创业目标之间存在的差距时，才有可能考虑是否需要组建创业团队，以及对什么时候需要引进什么样的人员才能和自己形成互补作出准确判断。

2. 商机

不同类型的商机需要的创业团队的类型不同。创业者应根据创业者与商机之间的匹配程度，决定是否要组建团队，何时、如何组建团队。

3. 团队目标与价值观

共同的价值观、统一的目标是组建创业团队的前提，团队成员若不认可团队目标，就不可能全心全意为此目标的实现而与其他团队成员相互合作、共同奋斗。而不同的价值观将直接导致团队成员在创业过程中脱离团队，进而削弱创业团队作用的发挥。没有一致的目标和共同的价值观，创业团队即使组建起来，也无法有效发挥协同作用。

4. 团队成员

团队成员能力的总和决定了创业团队整体能力和发展潜力。创业团队成员的才能互补是组建创业团队的必要条件。而团队成员间的互信是形成团队的基础。互信的缺乏，将直接导致团队成员间协作障碍的出现。

5. 外部环境

创业团队的生存和发展直接受到了制度性环境、基础设施服务、经济环境、社会环境、市场环境、资源环境等多种外部要素的影响。这些外部环境要素从宏观上间接地影响着对创业团队组建类型的需求。

从前，有两个饥饿的人得到了一位长者的恩赐：一根鱼竿和一篓鲜活硕大的鱼。其中，一个人要了一篓鱼，另一个人要了一根鱼竿，于是他们分道扬镳了。得到鱼的人原地就用干柴搭起篝火煮起了鱼，他狼吞虎咽，还没有品出鲜鱼的肉香，转瞬间，连鱼带汤就被他吃了个精光。过不几日，他便饿死在空空的鱼篓旁。另一个人则提着鱼竿继续忍饥挨饿，一步步艰难地向海边走去，可当他已经看到不远处那片蔚蓝色的海洋时，他浑身的最后一点力气也使完了，他也只能眼巴巴地带着无尽的遗憾撒手人间。

又有两个饥饿的人，他们同样得到了长者恩赐的一根鱼竿和一篓鱼。只是他们并没有各奔东西，而是商定共同去寻找大海。他俩每次只煮一条鱼，经过遥远的跋涉，他们来到了海边。从此，两人开始了捕鱼为生的日子。后来两人有了各自的家庭、子女，有了自己建造的渔船，过上了幸福安康的生活。

一个人只顾眼前的利益，得到的终将是短暂的欢愉；一个人目标高远，但也要面对现实的生活。只有把理想和现实有机结合起来，才有可能成为一个成功之人。有时候，一个简单的道理，却足以给人意味深长的生命启示。

"对不对，看团队""一个篱笆三个桩，一个好汉三个帮"。创业离不开"好兄弟"，好团队。创业需要多种多样的资源和机会，单靠个人是很难满足这些条件的。越来越多的证据表明，创业活动越来越多地基于一个创业团队而非一个单独的创业个体。大量结果和经验表明，由创业团队共同创立的创业企业的创业绩效往往显著高于由单个创业者创办的创业企业，尤其是高新技术企业。因此，创业团队对企业的成立和成长均起着至关重要的作用。

（四）创业团队管理技巧和策略

新创企业的管理，实际上包含公司组织、生产服务、市场营销等几个方面，新创企业的管理重点一般会落在生产管理、市场、服务等环节上，而忽视团队的建设与管理，这种做法是不科学的。如何管理创业团队呢？主要有以下几点。

1.保持沟通流畅，营造相互信任的团队氛围

沟通是有效管理团队的重要内容。顺畅的沟通是企业不断前进的命脉。没有沟通，团队就无法运转。其一，沟通使信息保持畅通，实现信息共享，避免因为信息缺失而出现错误的决策与行为。其二，沟通可以化解矛盾，增强团队成员彼此之间的信任。在长期合作共事的过程中，成员之间难免会有矛盾，缺少沟通可能导致相互猜疑、相互抱怨，矛盾会随着时间的推移越来越大，最后可能导致团队的分裂。而情感上的相互信任，是一个团队最坚实的合作基础。团队的成功与否，根本原因在于人与人的"兼容性"，相互信任就是兼容过程中的"润滑剂"。其三，沟通可以有效地解决认知性冲突，提高团队决策的质量，促进决策方案的执行。在企业经营管理过程中，团队成员对有关问题会形成不一致的意见、观点和看法，这种论事不论人的分歧称为认知性冲突。优秀的团队并不回避不同的意见，而是进行充分的沟通和交流，鼓励创造性的思维。这也有助于推动团队成员对决策方案的理解和执行，提高团队决策的质量，提高组织绩效。

2.让合适的人做合适的事

从人力资源管理上"人岗匹配"的原则来说，让合适的人做合适的事，是科学的用人原则。这样做的结果对个人来说，可以保证团队每一名成员得到发展，充分调动团队成员的潜能，激发其工作热情，使其将个人的优势发挥得淋漓尽致；对团队来说，扬长避短无疑是提高效率的最佳配置方式。

3.制定严格的规章制度

"没有规矩，不成方圆"，一个初创团队，如果没有严格的规章制度（如绩效考核制度、财务管理制度、行政管理制度等）作为运转保障，就会成为一盘散沙。因此，最初创业时就要把该说的话说到，该立的规矩立好，把最基本的责、权、利说得明白、透彻，不要碍于情面含含糊糊。规章制度具有明确性的特点，有助于规范能恪尽职守，各司其职，避免新

创企业中经常出现的团队成员责、权、利混淆的情况，避免出现因责、权、利等的分歧而导致创业团队的解散。

4. 建立良好的激励机制

激励是团队管理中极为重要的内容，直接关系到初创企业的生死存亡。如何对创业团队进行有效的激励，现在还没有固定的程式可以套用，但可以通过授权、股权激励、薪酬机制等诸多手段来实现。薪酬是实现有效激励最主要的手段，毕竟收益是创业成功的重要表征。在设计薪酬制度时，应考虑到差异原则、绩效原则、灵活原则。最终目的是通过合理的报酬让团队成员产生一种公平感，激发和促进创业团队成员的积极性，实现对创业团队的有效激励。

股权激励在新创企业中，一般的做法是将公司的股份预留出10%～20%，作为吸引新的团队成员的股份。

5. 建立合理的决策机制

要成为一个有凝聚力的团队，团队核心人物（决策者）必须学会在没有完善的信息、团队成员没有统一的意见时做出决策，而且承担决策的后果。只要自己认为对的事情，不可优柔寡断，必须付诸行动。而正因为完善的信息和绝对的一致非常罕见，决策能力就成为一个团队能否成功的重要因素。但如果一个团队没有鼓励、建设性的意见和毫无戒备的冲突，决策者就不可能学会决策。这是因为只有当团队成员彼此之间热烈地、不设防地争论，直率地说出自己的想法，团队核心人物才可能有信心做出充分集中集体智慧的决策。决策的主要内容是公司发展的长期目标与一定阶段的计划，还有一些是与公司发展相关的重大决策。

6. 马上执行，对结果负责

有了决策，还需要严格地执行，执行力也是一种显著的生产力。同样，在创业团队，我们高度强调团队成员必须对结果负责，"没有结果就是没做"，没有任何的理由和借口。

在团队里，也许我们并不需要每个团队成员都异常聪明，因为过度聪明往往会导致自我意识膨胀，好大喜功；相反，却需要每个人都具有强烈的责任心和事业心，对于公司制订的业务计划和目标能够在理解、把握、吃透的基础上，细化、量化自己的工作，坚定不移地贯彻执行下去，对于过程中的每一个运作细节和每一个项目流程都要落到实处，对结果负责。

其实，决策者的角色也不是一成不变的，决策者应首先以一个执行者来要求自己，只有当自己也能完成方案时，才能将类似的方案交给其他执行者去执行。

7. 注重团队凝聚力

团队的凝聚力是指群体成员之间为实现共同目标而实施团结协作的程度，凝聚力表现在成员的个体动机行为对群体目标任务所具有的信赖性、依从性乃至服从性上。在创业过程中，团队所有成员都认同整个团队是一股密切联系而又缺一不可的力量。团队的利益高于团队每一位成员的利益，如果团队成员能够为团队的利益而舍弃自己的小利，团队的凝聚力就会极强。

"没有完美的个人，只有完美的团队。"虽然在创业团队中，每一位成员都可以独当一面，但是合作仍然是团队成员首先要学会的东西。成功的创业公司中，团队的成功远远高于个人的成功。创业者团队核心成员只有相互配合，共同激励，树立同舟共济的意识，才能成就梦想。

单元五　创业相关的政策和法规

随着创业的人越来越多，创业的难度越来越高，政府为了保护和提倡创业出台了各种创业政策，希望给创业者提供帮助。

一、与创办企业相关的有关条例和规章

主要有：

（1）《中华人民共和国公司登记管理条例》。多在申请办理营业执照时用。

（2）《中华人民共和国企业法人登记管理条例》。多在申请办理营业执照时用。可重点掌握开业注册登记收费标准。

（3）《中华人民共和国企业名称登记管理规定》。多在申请办理营业执照前用。

（4）《税务登记管理办法》。对开办税务登记及变更等有明确规定。

二、了解政府对特许经营的管理规定

创业者以市场经营主体进入市场时，应了解政府对于进入特殊行业或者进行特种经营时所设定的有关条件，了解从事哪些行业或服务另有规定，需要到政府有关部门或行业主管机构领取哪些特种经营资质证或许可证等证照，以便提前准备。

三、企业相关扶持政策、优惠政策

（一）了解政府对中小企业发展及创业的扶持政策

随着《中华人民共和国中小企业促进法》的进一步贯彻落实，国家在法律政策中提出的对中小企业提供资金支持、创业扶持、技术创新、市场开拓、社会服务等方面的规定，主管部门都正在抓紧实施。可以说，一个关注、培育、扶持中小企业发展和鼓励创业的社会环境与政策环境正在初步形成，突出体现在多种形式的扶持政策等方面。对于创业者来说，优惠政策就好比是创业的助推器，能降低创业成本，提高创业的成功率。

（二）支持和鼓励新办企业、高技术企业及第三产业的优惠政策

（1）国务院批准的高新产业开发区内的企业，以有关部门认定为高新技术企业的，可减按15%的生产率征收所得税；国务院批准的高新技术主业内新办的高新技术企业，自投产年度起免征所得税2年。

（2）对新办的独立核算的从事咨询业、信息业、技术服务业的企业或经营单位，自开业之日起，第一处免征所得税，第二年减半征收所得税。

（3）对新办的从事交通运输业、邮电通信业的企业，自开业之日起，第一年免征所得税，第二年减半征收所得税。

（4）对新办的独立核算的从事公用事业、商业、物资业、对外贸易业、旅游业、仓储业、居民服务业、报经主管税务机关批准，可减征或者免征所得税1年。

（5）企事业单位进行技术转让以及在技术转让过程中发生的与技术转让有关的技术咨询、技术服务、技术培训的所得，年净收入在30万元以下的，暂免征收所得税。

（6）对农村及城镇为农业生产产前、产中、产后服务的企业，对其提供的技术服务或实物所取得的收入，暂免征收所得税。

（7）对科研单位和大专院校服务于各行业的技术成果转让、技术培训、技术咨询、技术服务、技术承包所得的技术性服务收入暂免征收所得税。

（三）创业培训政策

（1）对已进行城镇登记失业且有创业意愿的人员，可免费参加一次劳动就业部门组织的创业培训。

（2）对已进行城镇登记失业且有创业意愿的人员，可免费参加一次由劳动就业部门组织的职业技能培训。

（3）创业场地政策

第一，在符合法律法规规定的条件、程序以及合同约定的情况下，允许大学生在创业时将家庭住所租赁房和临时商业用房等作为创业经营场所。

第二，县建立的创业一条街、大学生创业孵化基地、返乡农民工创业园，为创业人员提供创业场地。

（四）创业贷款政策

（1）创业的支持政策：

创业人员可按规定申请小额担保贷款，从事个体经营的额度一般为5万～8万元，合伙经营实体或小企业吸纳创业人员达到一定比例后，可按人均5万元计算申请小额担保贷款，贷款总额在100万元以内。年期还本付息后，政府给予全额贴息。

（2）贷款提供的要件：

创业贷款申请人到所在地社区居委会咨询、领取《小额担保贷款申请表》。

（3）贷款的审批程序：

第一，借款人将《小额担保贷款申请表》，工商、税务核发的工商登记证、税务登记证，抵押物清单或担保合同以及有效证件等相关材料交到所在地社区居委会。

第二，社区居委会审查符合规定的，在3个工作日内向所在地街道（乡镇）社保中心推荐。

第三，街道（乡镇）社保中心初审同意后在3个工作日内报县就业局。

第四，县就业局会同财政部门在5个工作日内完结审查汇总，并将相关资料送到承贷金融机构。

第五，承贷金融机构在5个工作日内提出初审意见，不同意贷款的，注明原因并将资料返还县就业局同意贷款的，即可通知借款人办理相关手续，完善贷款抵押担保等手续后，在5个工作日内向借款人发放贷款。

合伙经营实体或小企业可由法定代表人在其户口所在地或企业经营所在地社区居委会申请创业贷款。

（五）创业税费减免政策

（1）对城镇登记失业人员、残疾人、退伍士兵以及毕业2年以内的大学生从事个体经营的，自在工商部门首次注册登记之日起3年内免收管理类、登记类和证照类等有关行政事业性收费。

（2）对自主创业符合条件的人员，按每人每年4 800元限额依次扣减其当年实际应缴纳的营业税、城市维护建设税、教育费附加税和个人所得税。

课后实践

活动主题：唐僧团队大裁员

活动内容：众所周知，《西游记》里的唐僧团队是由4人1马组成的西天取经团队，现在如果要从该团队中裁掉1个成员，你会选择裁掉谁，为什么？请同学们分为4～6人的小组共同讨论，团队轮流发表观点。最后每组选择一位代表谈谈在这次活动中获得的关于创业团队的看法。

模块七　创业实训

学习目标

1.了解经营代理、加盟连锁店的相关知识

2.掌握如何创建合伙企业

案例导入

以优异的成绩成为母校的佼佼者，以吃苦耐劳的精神扬起梦想的风帆，以一丝不苟的工作态度赢得师生的尊敬，以创新的教育理念被同行啧啧称道。这个外表柔弱、内心坚强的女子——朱群，述说着她创业背后的故事，展示她成功的启示录。

采访才开始，优雅大方的朱群便打开了话匣子，侃侃而谈起来。她说，选择幼师专业的初衷，是源于自己对舞蹈的喜爱。初中时代的朱群，就特别热衷于舞蹈选修课，每当与同学们一起排练舞蹈的时候，心里就特别的兴奋和充实，那种翩翩起舞的感觉让她找到了自我。初二时，她所参加的舞蹈"赛龙舟"获得了台州市中小学生舞蹈大赛一等奖，这让她第一次体会到了成功的喜悦。从此，舞蹈似乎成为她学生生涯的重要一部分。或许是为了延续自己与舞蹈的那种"缘分"，在老师的推荐下，朱群选择了台州市路桥中等职业技术学校的幼师专业。如她所愿，在这里的舞蹈课堂上，她接触到了不同类型的舞蹈，尽管老师的要求很严格，有时也会感到辛苦，但是一想到这是自己的爱好，也就不觉得累了。不懈的努力使她成了校舞蹈队的佼佼者，由她领舞的舞蹈多次在市级、区级获奖。2019年，她担任了校团委文艺部部长。追忆当时的情景，朱群一脸兴奋。2020年，她参加了路桥街道组织的舞蹈"路桥莲花"的表演，在浙江省民间广场舞蹈大赛中取得了令人可喜的成绩。这些珍贵的回忆叠加成一本纪念册，永远铭记在她的心里。

朱群对班主任更是满怀感激之情："她是我的舞蹈老师，也是我的挚友。我们至今还时常联络，空闲下来的时候，我会与她一起叙叙往事、侃侃未来。她最近还推荐我参加了一个歌谣比赛，让我重温了在舞台上的感觉，一会我还要去排练呢！"朱群脸上始终挂着微笑，高中三年，带给她的是一段快乐而难忘的回忆！

毕业后，在校长的推荐下，朱群来到了晨光幼儿园担任老师。短短一年的时光，却为她开启了通往梦想的一扇大门。颇有亲和力的她，在与小朋友接触的过程中，渐渐体会到了为人师表的意义所在。尽管一开始她有些不适应新的环境，在最初的一周里还因为体力不支而生病，但她坚持了下来。

2021年，在积累了一定的经验后，朱群小试牛刀，开办了博大幼儿园。回首往事，她满是感慨："一开始，最棘手的是招生问题。为了让周围的人认识、了解博大幼儿园，我和老师们几乎天天走街串巷，向来往的路人发传单，尽管辛苦，但还是取得了一定的成效。凭着这种吃苦耐劳的精神，博大幼儿园渐渐在当地有了知名度，一些近邻都乐意把自家的小孩送到她的幼儿园。家长们选择博大幼儿园，除了考虑到这里方便接送小孩外，更大的原因是他们对博大幼儿园的信任，这份信任是对朱群所带领的团队的一丝不苟、兢兢业业的工作态度的最好褒奖。

无论是工作中还是私底下，朱群都是一个平易近人的人。她把员工视为自己的朋友，给员工提供轻松而温馨的平台，让他们在工作中鼓足干劲、积极向上。

当然，与家长的互动也是工作中的重要环节之一。朱群说，每逢节日，幼儿园会请家长来园与小孩一起参加活动，让他们更了解自己的小孩，更重视幼儿教育。在朱群的带领下，幼儿园老师与家长、孩子一起排练亲子操，参加游园会，进一步加强了家长与小孩的交流与互动。

几经摸索，朱群在创业之路上找到曙光；几经寻觅，她更明确了前进的方向。2022年9月，她创办了路桥喜洋洋幼儿园，并立志将其发展为省二级幼儿园。在新的起点上，她对自己许下新的承诺！

几年的磨砺，让朱群变得更加成熟和稳重，也让她对学弟、学妹多了一份悉心的关照。"开设一个幼儿园，首先选址最为重要，交通、周围环境都是我们需要考虑的因素，幼儿园的设施也要配置齐全。其次，在开办幼儿园的过程中，要及时地与家长保持良好的沟通。"有时，一些家长与老师的观点会产生分歧，在这样的情况下，朱群会组织班主任开家长会，用打比方、讲道理的方式与他们沟通，争取双方意见统一。为了能更好地为学生在成长的起跑线上做好预备工作，朱群认真研究教学方案，踊跃参与各种教育系统会议和同行培训，了解最新的教育动态及教学方案，并及时分享给老师，以便他们更新、升级教育课程。为了培养学生的动手能力和自我表现能力，喜洋洋幼儿园特意尝试了蒙氏教学，老师以游戏的形式带领学生参与到课堂中，让孩子们在小小的舞台上绽放未来之星的光芒。朱群由衷地期望母校在办学的道路上越走越好，她还想将自己的梦想与学校的发展联系在一起。她将以校企合作的形式在母校招纳贤才，回馈母校的同时也不断提升自己的素质。

单元一　经营代理、连锁加盟店

每天走在大街小巷，都会看到街道两旁各种各样的店铺，有的装修豪华，有的虽简陋但品种丰富。你有没有想过，将来也拥有一家自己的店铺呢？也许你会说，自己开店当老板需要一定的资金，又没有经验，风险太大。其实，作为初次创业的中职学生，可以选择风险相对较小的代理、连锁加盟这两种方式来加入创业者的行列。

一、代理

一般来讲，代理是指经委托人授权向第三者招揽生意，签订合同或办理与交易有关的事宜。代理是代企业打理生意，不是买断企业的产品，是厂家给额度的一种经营行为，货物的所有权属于厂家，而不是商家。

（一）代理的类型

代理方式按委托人对代理人授权的大小，可分为总代理、独家代理、一般代理和特约代理。

1. 总代理

总代理是委托人在指定地区的全权代表，他有权代表委托人进行全面业务活动，除代表委托人签订买卖合同、处理货物等商务活动外，还可进行一些非商业性的活动，而且还有权指派分代理，并可分享分代理的佣金。

2. 独家代理

独家代理是委托人给予代理商在规定地区和一定期限内享有代销专营权的代理。委托人在该指定地区和时间内，不得委托其他代理商，同时代理商也不得再代销其他来源的同类商品。独家代理下的专营权指的是专门代理权，商品出售前所有权仍归委托人，由他负责盈亏。

凡是在规定地区和规定期限内做成的交易，除双方另有约定外，无论是由代理商做成，还是由委托人直接同其他商人做成，代理商都有享受佣金的权利。

3. 一般代理

一般代理又称佣金代理，是不享有代销专营权的代理，委托人在同一地区和期限内，可选定一家或几家客户作为一般代理商，根据代销商品的实际数量按协议规定的办法付给佣金，委托人可直接与该地区的买主成交，其直接成交部分，不向代理商支付佣金。

4. 特约代理

有些厂商常指派特约代理，为其推销技术性的工业产品或为其提供技术和维修服务。

（二）代理的特点

第一，投入低。首先是在财物方面，不需要前期压钱或压货；其次是场地方面，可以直接利用家庭或办公室，投入非常小；最后是在设备方面，许多设备完全可由厂方提供，无须自己投入。

第二，风险小。代理双方属于一种委托和被委托的代销关系，而不是买卖关系。代理商在代理业务时，只是代表委托人联系客户，招揽订单，签订合同，处理委托人的货物，收受货款等并从中赚取佣金，代理商不必动用自有资金购买商品。

（三）代理的优势

第一，行业优势。被选择代理的产品通常是代理商认定的有发展前景的行业，具有较成熟的产品行业。

第二，企业优势。代理过程中代理商与企业是相互合作、互惠互利的关系，一般来讲，企业会从广告、促销、货物、经销权等方面予以支持。

第三，品牌优势。代理经销的产品在一定程度上都已通过品牌认证，是经过市场检验的品牌，这与其他创业途径中的产品有一定的区别。

二、连锁加盟

连锁加盟一般是指拥有自主品牌的企业、经营机构或自然人，将该品牌以授权许可的方式转让给加盟方，授予其在一定区域一定时期内的使用权。在加盟方创业之时，加盟总部会给予职员训练、组织结构、经营管理、商品采购等方面的指导和帮忙，协助其创业与经营，双方都必须签订加盟合约，以达到事业之获利为共同的合作目标，而加盟总部则可因不同的加盟性质而向加盟方收取加盟金、保证金以及权利金等费用。有关资料显示，连锁加盟的成功率为80%～90%，而自行开店的成功率仅为10%～20%。

（一）连锁加盟的类型

我们在街上见到的同一品牌的连锁店无论是在店铺招牌、店面装修还是商品种类、员工服饰等方面基本上是一模一样的，但事实上它们还是有所区别的。根据加盟店与总部的关系，连锁加盟可以分为直营连锁、特许连锁、自由连锁三种方式。

（二）连锁加盟的特点

第一，连锁加盟是利用自己的品牌、专有技术、经营办理模式等与他人的资本相结合来扩展经营规模的一种贸易模式。连锁加盟对企业来说，是经营模式的克隆而不是资本的扩张。

第二，连锁加盟是一种双赢的贸易模式。只有使企业得到比独自直营更有效率的发展，让加盟方得到比独自经营更多的利益，连锁加盟才能进行下去。

第三，连锁加盟是一种智能型的贸易组织形式。连锁加盟使加盟总部可以最充分地组合、利用自身的优势，并最大限度地吸纳广泛的社会资源，加盟方则减低了创业风险和时间、资金等创业成本。

（三）连锁加盟的优势

第一，连锁体系优势。连锁加盟店由于承袭了连锁体系的商誉，等于给顾客吃下了定心丸，所有加盟店均可以在统一招牌下得到发展。总部拥有的品牌、经营管理技术等均可以直接利用，比起自己独立创业，不管是在时间上、资金上还是在精神上都减轻了负担，对于完全没有经验的人来说，可以在较短时间内入行。

第二，产品保障优势。总部为了提高全体连锁企业的商誉，会随时开发独创性、高价值的商品，以产品差别化领先于竞争对手，加盟店可不必自设开发部门。

第三，专心销售优势。由于总部统筹处理促销、货源乃至财务等事务，使加盟店能专心致力于销售工作；由于总部对门店周围的环境随时做市场调查，包括顾客层形态、消费倾向的改变等，使加盟店能及早采纳对应办法。

第四，强大后援优势。自行创业必须自己决定开店场地，而自己对该地点的好坏，往往没有绝对信心。加盟店则可以向总部咨询，提前做好评估，甚至总部还会帮忙选址；开张前的职员培训等工作，均可以得到总部的协助，开张后定期还会有人来做各项指导，解决了加盟商的后顾之忧。

总之，连锁加盟是21世纪开店创业的新趋势、新潮流，是推动未来社会经济发展的新动力，它将为许多创业者带来新的创业机会和盈利前景。

三、经营代理店

如今，很多企业在发展中为扩大销量都采用了寻找代理的经营模式，这种模式把全国市场根据地域特点划分为若干市场区域，在每区域设立代理商，企业授权代理商全权负责该区域内的产品销售工作，由代理商发展和管理下属终端商。代理商的建立，可以分担厂商的风险，使厂商与代理商共同拉动市场从而降低厂商的经营风险。很多创业者在这样的市场发展形势下，也竞相选择企业来合作。

（一）代理的基本步骤

大致来说，代理某个项目有以下几个步骤，如图7-1所示。

正确选择欲代理项目，确定投资意向 → 熟悉代理权利、条件，确认代理 → 签订代理协议 → 缴纳预付款或保证金 → 成为代理商并开展代理活动

图 7-1　代理的步骤

（二）门店选址

"与其开个大店铺，不如选个好店址。"对商业零售公司来说，门店的选址是非常重要的。因为，选择商店进行购物消费时，门店的位置是顾客所考虑的最重要因素。同时，门店的空间位置也是形成差别化甚至区域性专业化经营的重要条件。因此，选址对于成功经营具有重要的意义。

1.门店选址的重要性

（1）有助于降低投资风险。开店是一种长期投资，开店者在开店初期应谨慎选址。许多开店者凭感觉，随意选址设店，这样做的一个严重后果便是可能由于选址不当，增加了以后经营的困难和投资风险。所以，开店者在选择店址时应多一些理性、科学的分析，只有这样才能选好店址，减少投资风险。

（2）有助于吸引目标消费群。将店开在目标消费群经常路过或光顾的地段，可以吸引这些目标消费群的注意，在此基础上，他们才有可能进店消费。

（3）有助于提高知名度。一个地理位置优越的门店，特别是位于城市中心繁华商业街的店面，更容易在极短的时间内获取极高的知名度。如果你的店极有特色，再加上适当的广告宣传，就能在获取广泛知名度的基础上建立自己的品牌形象，品牌的建立又可以吸引更多的消费者，从而获取很好的经济收益。

2. 门店选址的方法

在门店选址的过程中，应重点考虑以下几个方面的因素。

（1）选择符合门店性质的商圈。

商圈氛围的重要性，一是它能够从宏观上为预测整个销售趋势提供依据；二是它将直接影响到门店定位（商品档次）和门店业态的选择；三是从整体营销战略上来说，综合考虑开设门店的可行性，也为从宏观角度考虑网点如何合理布局提供参考信息。

（2）分析潜在顾客数量和客流规律。

顾客的流动方向和数量将直接影响门店开设成功与否，充足的人流量一定程度上将保证门店的销售额，同时顾客在无形中为商品、服务质量的品牌宣传提供了有利的流动媒介。

（3）分析交通、地域情况。

以门店为据点，以整个街道、路线为面，考察点在面上的协调效果，看是否为商业街道的黄金分割点，是否占据较好位置，是否在地理位置上为促进销售提供了有利优势，是否能在一定程度上影响到周边地区的品牌效应。从交通路线、车站、停车场等方面入手，联系门店实际情况，根据交通情况来估测此地区是否存在潜在市场，是否能为潜在消费者提供交通上的便利，是否能带动人流量，以此来判定该地段是否具备门店开设条件。

（4）分析门店结构和成本情况。

一旦商圈环境确定之后，必然要考虑到门店结构和成本，如门店成本支出是否超出预算，盈亏是否能够达到平衡，门店内部结构是否有利装修表现等问题。这一块内容应从选址租金、选址经营面积和选址整体布局来考虑门店开设的合理性和规范化，重点考察门店开设是否能够达到"成本支出最小化，盈利能力最大化"。

（5）分析其他因素。

门店一旦选定地址，一般就不会轻易搬迁，这就要求在选址时，要从长远发展的角度考虑，要详细了解该地区的治安、卫生、市政、绿化、公共设施、规划，使选定的店址既符合近期环境特点，又符合长期发展规划，以避免造成损失。

（三）个体工商户登记注册

任何创业形式都必须办理必要的合法登记手续，这是合法经营的前提。代理商在获得了品牌的经营权后，要去当地相关部门办理个体工商户登记注册手续。

1. 申请登记的基本流程

申请登记的基本流程，如图7-2所示。

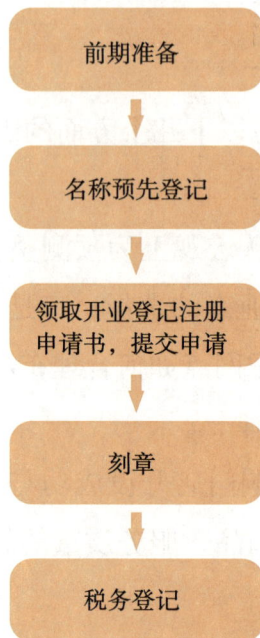

```
┌─────────────┐
│  前期准备   │
└─────────────┘
       │
       ▼
┌─────────────┐
│ 名称预先登记 │
└─────────────┘
       │
       ▼
┌─────────────┐
│领取开业登记注册│
│申请书，提交申请│
└─────────────┘
       │
       ▼
┌─────────────┐
│    刻章     │
└─────────────┘
       │
       ▼
┌─────────────┐
│  税务登记   │
└─────────────┘
```

图 7-2　申请登记的基本流程

2. 申请登记的主要程序

（1）个体工商户名称预先登记。

按照自2009年4月开始施行的《个体工商户名称登记管理办法》规定，个体工商户可以不使用名称，个体工商户决定使用名称的，应当向登记机关提出申请，经核准登记后方可使用，见表7-1。

表 7-1　登记流程

办理事项	个体工商户名称预先登记
办事机构	工商局
办理时限	两个小时左右
提供材料	《名称（变更）预先核准申请书》；经营者的身份证明；经营者委托代理人办理的，还应当提交委托书和代理人的身份证明

（2）工商注册的审批、领取营业执照。

如果代理项目经营范围涉及前置许可的，办理相关审批手续提交审批部门的批准文件后，到工商部门办理工商登记，见表7-2。

表7-2　流程

办理事项	个体工商户工商注册、领取营业执照
办事机构	工商局
办理时限	受理后5个工作日
提供材料	由本人提交书面或口头申请；申请人的身份证复印件；个体工商户申请开业登记表（附照片）；场地使用证明；法律、法规规定或者国家规定必须提交的其他有关文件和材料；有字号名称的应提交名称预先核准通知书

（3）印章备案及刻制。

印章备案及可知流程见表7-3。

表7-3　流程

办理事项	备案及刻制印章
办事机构	公安局及其指定的刻字社
办理时限	备案立等可取，刻章时限不定
提供材料	营业执照复印件、经营者身份证复印件

（4）税务登记。

通过审批获得经营资格，拿到营业执照后，一个月内到税务机关办理税务登记证，拿到税务登记证后申请发票。发票申请分两种：一是按定额纳税，即每月不管有没有营业额都要交纳相同的税额；二是根据每月开具发票的金额按税率纳税。相关证件都办理好后，接下来才能在法律保护下合法经营。

办理税务登记时要提供的材料：

第一，工商营业执照或其他核准执业证件原件及复印件。

第二，业主身份证原件及其复印件（个体）。

第三，负责人居民身份证、护照或其他证明身份的合法证件原件及其复印件（个人合伙企业）。

第四，房产证明（产权证、租赁协议）原件及其复印件。如为自有房产，要提供产权证或买卖契约等合法的产权证明原件及其复印件；如为租赁的场所，要提供租赁协议原件及其复印件，出租人为自然人的还须提供产权证明的复印件。

第五，组织机构代码证书副本原件及复印件（个体加油站、个人合伙企业及已办理组织机构代码证的个体工商户）。

四、经营连锁加盟店

连锁经营日益成为零售业、服务业中一种非常重要的商业模式，而加盟连锁更是可以将连锁总部的成功运营模式与加盟者的资本相结合，以较低的资本投入，短期内大幅度提升市场份额。我国许多知名企业也在不断摸索，通过连锁经营实现低成本、低风险、高速度地战略扩张，许多中小企业和个人也在积极投身加盟连锁店。

（一）连锁加盟的选择

1. 谨慎选择加盟项目

选择一个正确的加盟项目，无疑是加盟事业的一个好开端。首先你要做的是，问问自己的优势是什么，劣势是什么。就行业和品牌的选择而言，可以采用以下几种方法：

一是注重市场调查、市场的分析预测。要仔细考察当地同行业的店铺生意状况如何。在一个好的行业市场背景下顺势而为将会比逆势而上更能轻松创业致富。

二是尽力选择自己熟悉的行业或掌握相关知识的行业作为投资目标，要充分发挥自身所掌握的知识和技能，把其作为选择投资项目的一个有利条件。

三是如果不能选择一个自己熟悉的行业进行创业，那么选择一个适合自己，能给予自己开店强大持续支持的加盟连锁总部就变得非常重要。好品牌与差品牌往往有很大的差距。

2. 相互考察、签订协议

加盟商在对加盟企业和品牌作了充分的市场调查后，确定加盟意向，向企业递交申请。加盟总部收到申请后，就会对加盟商本人和开店地点进行调查。在双方都同意的情况下，签订正式加盟协议。签订协议后，加盟商要缴纳一定数目的加盟费、保证金等，加盟总部对加盟店的开业准备等提供支持。

3. 做好开业准备

加盟商接下来就要对开业的相关事宜做好准备：选址、装修、招募人员、培训、宣传等。

选址一定要注意因行制宜。营业地点的选择与营业内容及潜在客户群息息相关，各行各业均有不同的特性和消费对象，可在加盟总部的指导下选择最适合本行业本品牌的店址。

好的员工，对于一家加盟店来说有着如虎添翼的作用，因此人员的招募和培训都非常重要。在人员招募时，最好能以最小的成本找到最合适的员工。加盟商可以通过在加盟店旁张贴招聘启事，或者通过朋友熟人介绍，聘用相关员工。要与应聘者进行详谈，观察其言行举止，找出最适合的员工。

同时，加盟商应该利用总部的资源，对员工进行必要的培训，让他们了解连锁加盟的基本概念，熟悉产品的特点和功效，掌握基本的销售技巧。一个训练有素的员工会是加盟商得力的助手，为加盟商减少很多的烦恼。

宣传是现代商战中必不可少的手段，同时也是加盟店先声夺人的最有力武器。一般来说，加盟品牌自身会有一系列的宣传活动，以保持其品牌的知名度。但是，每家加盟店开业前，仍然需要相应的前期宣传，使加盟店开业后达到最好的营业效果。加盟商通常需要在开店前一段时间就展开加盟店的宣传，以便将整个开店信息告知消费者，使开店当日就能有一个很好的销售状况。

4. 开业、经营

选一个合适的日子，大张旗鼓地宣布开业，尽力吸引顾客，争取做到开门红。

也许在未有加盟经历的人看来，一家加盟店的开张是轻而易举的事，但实际上在这个过程中，每一步都需要加盟商付出努力，做足准备。

（二）签订连锁加盟协议

1. 原则

协议的签订是进入连锁企业时最关键的环节，一定要谨慎行事。在订立过程中应遵循合法、公平、公开、自愿、诚实信用的原则。

合法原则要求签订协议的双方必须具备合法的资格，例如加盟总部必须具有合法的法人资格，加盟商必须是具有完全民事行为能力的人。合法原则还要求协议中所订的内容、形式等必须合法。只有依法订立的协议才是有效的，才能得到国家法律的保护。

公平原则要求签订协议的双方之间的权利义务要公平合理，要大体上平衡，强调负担和风险的合理分配。公平原则是社会公德的体现，符合商业道德的要求。

公开原则指双方签订协议时要透明化，加盟商在签订协议前有权查阅加盟对象的企业名称、基本情况、经营业绩、已经实践证明的连锁经营地点投资预算表、加盟费及各种费用的收取方法、提供各种物品及供应货物的条件和限制等。以上信息企业应当在签协议至少十天前提供给加盟商。

加盟双方签订的协议都是加盟企业预先准备好的，预先准备好的合同并非法定的格式合同，加盟商要仔细审阅合同内容，有不同意的条款，要与加盟企业谈判，在平等自愿的基础上签订合同，以便将来双方产生纠纷时依法保护自己的合法权益。

诚实信用原则要求双方在订立、履行协议，以及协议终止后的全过程中，都要诚实，讲信用，相互协作。

2. 必备条款

为了确保加盟商的利益，加盟协议中必须包括加盟企业所提供的经营技术、获得的培训等方面的条款。协议中至少包含以下内容：在协议约定的范围内，加盟企业所赋予加盟商的权利；获得的经营技术、商业秘密及经营手册；提供开业前的教育和培训；指导开店准备；提供长期的经营指导、培训和协议规定的物品供应。

加盟商应当清楚，自己通过协议取得加盟企业授权许可的内容、范围，比如商标（包括服务商标）、商号、产品、专利和专有技术、经营模式等，在双方约定的期限，约定的地域（或门店）之内的使用权。而门店财产（除双方特别约定之外）的所有权，归加盟商所有。因此，加盟商在签订协议时应特别注意条款中是否有侵害其财产所有权的字句。当加盟商害怕掉入陷阱或害怕不能全部正确理解合同时，可以委托律师或代理此项业务的咨询机构介入，这样可以有效规避风险。

单元二　创建合伙企业

俗语说"众人拾柴火焰高"。某名人说："在社会上做事，如果只是单枪匹马地战斗，不靠集体或团队的力量，是不可能获得真正的成功的。这毕竟是一个竞争的时代，如果我们懂得用大家的能力和知识的汇合来面对任何一项工作，我们将无往而不胜。"这些都说明了团队的力量是无穷的。对于计划创业的学生来说，如何组织、发展和凝聚团队，是一项非常重要的工作。

一、创业团队的内涵与重要性

团队是一种为了实现某一个目标而由相互协作的个体组成的正式群体。组成团队的个体分工明确、能力互补。创业团队是指由少数具有技能互补的创业者组成的，为了实现的共同体。

创业者为了实现共同的创业目标和一个能使他们彼此担负责任的程序，共同为达成高品质的结果而努力。现代创业活动已非纯粹追求个人英雄主义的行为，成功的创业大都与团队的有效运作密切相关。团队创业至少有以下几个方面的优势：第一，能促进团结合作，提高员工的士气，增加满意度；第二，使管理者有时间进行战略性的思考，而把许多问题留给团队成员解决；第三，加快决策的速度，因为团队的成员离具体问题较近，所以团队决定的速度比较快；第四，促进成员队伍的多样化；第五，提高团队和组织的绩效。

二、高效团队的基本要素

创业团队的组建没有统一的模式，只要能走在一起就形成了各自的团队。不过在组建时要注意团队成员的性格搭配、角色分配及对公司远近目标、章程、策略制定、工作承担、利益分配的认同等，要重视立章建制，构建产权明晰、责任分明、管理科学的企业制度，以利于企业的长远发展。

从总体上看，在这些千变万化的创业团队组成方式背后，蕴含着一些共同的规律，高效创业团队往往具有如下特征：

（一）互补与相似的成员结构

创业者在组建团队时，要考虑成员之间的知识、资源、能力或技术上的互补，各方面的人才都应尽可能地考虑进来，如技术、管理、营销、财务、对外交往等方面的人才，充分发挥个人的知识和经验优势。一般来说，团队成员的知识、能力结构越合理，团队创业的成功性就越大。

同时，为了保证创业团队的和谐与持久发展，创业团队成员在个人特征和动机方面则要考虑相似性。这是因为，具有相似背景的人具有相似的思维方式，能够轻易找到共同感兴趣的话题，从而有效促进团队成员之间的沟通。

（二）共同的创业理念

创业是一个充满艰辛和风险的过程，会遇到许多的问题。所以在创业的道路上团队成员一定要有统一的思想和理念。创业理念决定着创业团队的性质、宗旨和回报，并且关系到创业的目标和行为准则。这些准则指导着团队成员如何工作并取得成功。许多来自不同领域的杰出人士合伙创业，但由于观点不一致、没有形成共同的创业理念，最终散伙。所以创业团队成员一定要认同企业的发展方向，个人目标要整合到企业的组织目标中。

（三）合理的利益分配

创业团队中的每一位成员都要将团队利益置于个人利益之上，但是如果没有明确合理的利益分配，就有可能导致平均主义。创业初期，往往根据投入所占的比例来获得收益。而事实上，每个人在实际操作过程中的贡献情况不同，有些人虽然最初投入比较少，但是创造的价值最大化。基于这种情况，就应该建立一套公平、合理、透明且有弹性的利益分配制度。例如在效益中留一定比例的盈余用于奖励作出特殊、重大贡献的创业人员。

（四）良好的人际沟通

在企业的发展过程中，各种矛盾和问题会不断涌现，在处理这些问题的时候，不同的成员会有不同的观点。如果成员之间不能够很好地沟通形成统一的意见，那么相互之间的矛盾会随着时间的推移而不断增加，到了一定程度势必会造成分裂的局面。所以团队成员之间应加强沟通交流，增强彼此之间的信任。

（五）积极的工作态度

同一个创业团队往往是基于一个共同的目标而走在一起的，为了实现这个目标，势必要求团队成员要有积极、主动的工作态度。凡事积极主动地去做，这样不但能提高工作效率，而且可以少走很多弯路。在以后的员工招聘过程中，也要注意应聘者是否具有积极的工作态度，是否能够发挥主观能动性，是否能为企业的大局着想，积极贡献自己的力量。

三、创业团队的类型

（一）星状创业团队

这种创业团队一般是有一个核心主导人物有了创业的想法，然后根据自己的设想进行创业团队的组织，自己则充当领军人的角色，其他成员则更多地充当支持者的角色。这种创业团队的特点是：

（1）组织结构紧密，向心力强，主导人物在组织中的行为对其他个体影响巨大。

（2）决策程序相对简单，组织效率较高。

（3）容易形成权力过分集中的局面，从而使决策失误的风险加大。

（4）当其他团队成员和主导人物发生冲突时，其他团队成员往往处于被动地位，甚至被迫选择离开团队，从而对团队造成巨大影响。

（二）网状创业团队

这种创业团队一般是在交往过程中，共同认可某一创业想法，并达成了共识，然后开始共同进行创业。在创业团队组成时，没有明确的核心人物，大家根据各自的特点进行自发的组织角色定位，各位成员之间基本上扮演协作者或者伙伴的角色。这种创业团队的特点是：

（1）团队没有明显的核心，整体结构较为松散。

（2）组织决策时，一般采取集体决策的方式，通过大量的沟通和讨论达成一致意见。因此组织的决策效率相对较低。

（3）由于团队成员在团队中的地位相似，因此容易在组织中形成多头领导的局面。

（4）当团队成员之间发生冲突时，一般都采取平等协商、积极解决的态度消除冲突，团队成员不会轻易离开。但是一旦团队成员间的冲突升级，某些团队成员撤出团队，就容易导致整个团队解散。

（三）虚拟星状创业团队

这种创业团队是由网状创业团队演化而来的，基本上是前两种的中间形态。在团队中，有一个核心成员，但是该核心成员地位的确立是团队成员协商的结果，因此核心成员从某种意义上说是整个团队的代言人，而不是主导型人物，其在团队中的行为必须充分考虑其他团队成员的意见，不像星状创业团队中的核心主导人物那样有权威。

四、企业经营管理

（一）生产管理

企业生产是按时、按质、按量地制造产品或提供劳务的活动。它的基本要求是实现物质转换，即充分利用企业内部的一切条件创造出适合市场需求的合格产品。对企业生产活动的计划、组织、指挥和控制的工作称为生产管理。生产管理既是实现产品开发的基础和搞好销售与服务的前提，又是将经营目标转化为现实的保证。

1.生产过程组织

生产过程组织是企业生产管理的重要内容。它是研究企业怎样从空间上和时间上合理地组织产品生产，使生产过程能以尽量少的劳动消耗和劳动占用，生产出尽可能多的符合市场需要的产品，从而获得最好的经济效益。

生产过程，是指从准备生产这种产品开始，一直到产品生产出来为止的全部过程。不同企业，由于产品结构和工艺特点不同，生产过程的形式也不完全一样。从制造工作看，基本上可分为两大类：一类是流程式生产过程，原材料由生产的一端投入生产，顺序经过连续的加工，最后成为产品;另一类是加工装配式生产，即先将原材料加工成零件，再将各种零件、部件总装变成产品。

不论是哪一类生产过程，一般由以下几部分组成。

（1）生产技术准备过程。生产技术准备过程是指在产品投产前所做的各项技术准备工作，产品设计、工艺准备、调整劳动组织和设备布置等。

（2）基本生产过程。基本生产过程是将劳动对象变成基本产品的生产过程。企业的基本产品，是指企业直接提供给社会的产品，如钢铁企业的炼制钢、炼制铁，纺织企业的纺纱、织布等。

基本生产过程是企业生产过程中最主要的组成部分，它按照工艺加工的性质，可划分为若干相互联系的工艺阶段。每一个工艺阶段又可进一步划分为许多相互联系的工序。工序是组成生产过程的基本环节。

（3）辅助生产过程。这是保证基本生产过程正常进行所需的各种辅助产品的生产过程及辅助性生产活动，如机器制造企业中的工具生产、设备维修、备件制造等。

（4）生产服务过程。生产服务过程是为基本生产和辅助生产服务的各种生产活动，如原材料、半成品等物资的供应、运输和仓库管理等。

2.生产现场管理

生产现场管理就是运用科学的思想、方法和手段，对生产现场的劳动力、劳动工具、劳动对象等各种生产要素合理配置，对生产全过程进行有效地计划、组织和控制，以实现优质、高效、低耗、均衡、安全生产。

现代企业生产现场常采用5S、6S、7S等方法进行管理，下面重点介绍7S管理。

7S就是整理（SEIRI）、整顿（SEITON）、清扫（SEISO）、清洁（SETKETSU）、素养（SHITSUKE）、安全（SAFETY）、节约（SAVE）七个方面，因其古罗马发音均以"S"开头，简称为7S。7S管理的目的，是使企业在现场管理的基础上，通过不断提升企业文化的素养，消除安全隐患、节约成本和时间，使企业在激烈的竞争中，立于不败之地。

具体实施操作过程如下：

（1）整理现场。

对企业内部、车间的各种搬运工具、材料、成品、半成品、个人物品、图纸资料等进行全面检查并做好详细记录，然后判断出哪些东西是有用的，哪些是没用的；对于不能确定去留的物品，运用挂红牌方法。调查物品的使用频度，对工位上的个人用品、损坏的工具、废弃的零配件进行彻底清除，对个人生活用品专门制作了工具箱、资料柜、碗柜等，进行统一管理。通过整理可以清除废旧物品，平整出空余空间。

（2）整顿现场。

车间机械零件、设备多，物品门类繁多，在整理之后，实行现场定置定位管理。如车间现场可划分为成品区、修理区（工作区）、待修区、废料区等，并用标志线区分各区域，对现场物品的放置实行三定管理，即定点——放在哪里合适；定容——用什么道具；定量——规定合适的数量。大到进厂设备、成品设备，小到拆卸零配件、手工具的摆放，都要规定标准的放置位置。对于常用的东西，放在离工作近一点的区域；不常用的东西放到远一点的位置。

（3）清扫现场。

按照车间工作区域平面图，建立清扫责任区，标识各责任区及其负责人，将各责任区细化成各自的定制图，做到从厂区到车间、从场地到每一台设备、从一个工位到一个工具箱都细化到个人，规定例行清扫的内容，严格清扫。要树立一个观念，那就是创造财富的机器不是奴隶，而是我们的朋友，每天拿出一点时间来关心我们的朋友；每天给设备除除尘、紧紧螺栓、上点油等。通过整理、整顿和清扫，车间里过去经常出现的零配件丢失、安装清洁度等得到彻底的治理。

（4）清洁现场。

清扫之后，就要靠经常性地清洁来维持整洁的工作环境。否则，车间将会很快恢复脏乱的现象。所以一定要执行清洁保养制度。

（5）素养提高。

通过以上的活动，员工逐渐养成了良好的工作习惯，自觉遵守各项规章制度。

整洁的机器、工具和工作环境，井井有条的工作活动，工人可以舒心地工作，即使客户来了，看到这种情况，也会对企业产生好感，和企业继续维持良好的合作。

（6）安全生产。

企业在生产过程中要关注安全。在管理上制定正确作业流程，加强作业人员安全意识培养，设置奖惩制度。加强作业人员减少浪费意识教育，养成降低成本习惯，尽量减少企业的人力、空间、时间、库存、物料消耗等成本支出，提高企业竞争力。

（二）财务管理

财务管理是在一定的整体目标下，关于资产的购置（投资）、资本的融通（筹资）和经营中现金流量（营运资金），以及利润分配的管理，是基于企业再生产过程中客观存在的财务活动和财务关系而产生的。

企业的资金一般来自企业业主（以资本的形式）和外界人士（以贷款与债权人的形式），然后输出到企业经营活动的各部分（固定资产、原材料、生产成本），加工成产品后，通过销售获得收入（现销，则资金汇入现金账户；赊销，则转入应收账款）。最后，现金又向两大方向流动：其一，流向资金供应者，如给资本供应者股利、偿还债权人、偿还利息与本金给贷款供应者；其二，重新输入企业的营业活动，再次启动整个运行流程。企业的财务管理就是对公司的现金运动进行有效的管理。

财务管理可以帮助企业主了解现金流入流出情况、为企业的决策提供财务依据，同时可以避免资金链断掉的现象，更好地对企业的运营进行管理。

（三）营销管理

任何企业都无法离开市场营销。所谓市场营销，就是在变化的市场环境中，旨在满足消费需要、实现企业目标的商务活动过程，包括市场调研、选择目标市场、产品开发、产品定价、渠道选择、产品促销、产品存储和运输、产品销售、客户服务等一系列与市场有关的企业业务经营活动。

1. 收集市场信息

收集市场信息是市场营销中的核心内容，它是安排计划、指导生产、搞好企业管理、活跃市场、开展广告宣传的重要前提。常见方法有以下两种：

（1）观察法。观察法是信息收集人员亲自到经济活动现场或借助一定的仪器对信息收集对象的言行进行观察和如实记录的收集方法。这种方法既可以用来收集消费者信息，也可以用于了解竞争对手和下属企业。

（2）调查法。调查法是指通过与信息收集对象进行直接交流来获取信息的方法。根据交流方式的不同，调查法可以分为访谈调查和问卷调查两大类。两种方法各有优缺点，适合于了解不同的信息。

2. 有效营销方法

有效营销是指通过扩大销售来为企业创造尽可能多的利润，实现这一目标的方法有很多。作为新创企业，可以采取以下方法达到上述目标。

（1）广告推广。

广告是一种传统的市场推广方式，主要的媒介有电视、电台、报纸、杂志等。新创企业推出的往往是新产品或是知名度较低的产品，通过广告来宣传产品势必是最为快捷的增加销量的方法。

（2）网络推广。

网络是信息时代的产物。网络与日常生活息息相关。对新创企业来说，应抓住国家大力发展电子商务的良机，利用互联网来提高企业的运营效率，降低运营成本，增加客户的满意度，提高企业和品牌的知名度，增强企业的竞争能力。

（3）品牌推广。

若想在市场竞争中立于不败之地，构建自身品牌是非常重要的。成熟的企业必须要有亲和力，同时又要有品牌观。创建品牌对于新创企业具有举足轻重的作用。

▶ 课后实践 ▮▮▮▮

以六一儿童节为主题，设计一面主题墙。

要求：

1. 做成展板的形式。

2. 应选用环保材料。

模块八 做好准备，制订创业计划

学习目标

1. 掌握创业计划制定的准备工作
2. 学会如何撰写创业计划书

案例导入

"我现在是万事俱备，只欠东风了"，毕业生小李刚刚创办了一家公司，并且拥有一项非常好的网络防火墙项目，甚至已经有一些企业单位对他的产品表示了浓厚的兴趣，但是，小李缺少用于招聘人员、购买设备和生产产品的资金。于是，一个同学的家长帮他联系了一家投资商，经过详细的交流，这家投资商也认为小李的项目无论在技术上还是市场上都有很好的前景，然而却告诉他："我们现在还不能决定是否能给你投资，你需要给我们提交一份详细的创业计划书来。"可见，任何一项创业活动都离不开创业计划书，创业计划书的重要性可见一斑。

单元一　创业计划概述

创业计划是创业者叩响投资者大门的"敲门砖"，一份优秀的创业计划往往会使创业者达到事半功倍的效果。

一、创业计划概述

创业计划是指创业者根据对创业外部环境与内部条件的分析，提出在未来一定时期内要达到的创业目标以及实现目标的方案途径。创业者用文字和指标等形式所表述的在未来一定时期内关于创业行动方向、内容和方式安排的管理文件，通常称为创业计划书或创业计划。

二、创业计划书

创业计划书是指按国际惯例通用的标准文本格式写成的项目建议书，是全面介绍公司和项目运作情况，阐述产品市场及竞争、风险等未来发展前景和融资要求的书面材料。创业计划书最初出现在美国，当时被当作从私人投资者和风险投资者那里获取资金的一种手段。这些投资者会成为公司的合伙人，并提供资金。在寻求业务合作伙伴（包括客户、供应商以及分销商）时，提供创业计划书已成为必不可少的程序，更不用说对风险投资家和银行了。但是，不仅新创公司需要使用创业计划书，大公司也逐渐需要依靠特定项目的创业计划书来帮助公司做出内部投资决策。创业者可以用它来证明他们有能力处理好新创企业所面临的各种问题，以及业务的管理问题。

当创业者选定了创业目标与确定创业动机之后，在资金、人脉、市场等各方面的条件都已准备妥当或已经累积了相当实力，这时就必须撰写一份完整的创业计划书。创业计划书是整个创业过程中的一个非常重要的环节。在创业计划书中，应详细描述一切与创业相关的内容，包括创业种类、资金规划、阶段目标、财务预算、营销策略、风险防范、管理规划等。创业计划书是对企业进行宣传和包装的文件，它向风险投资企业、银行、供应商等外部相关组织宣传企业及其经营方式；同时，又为企业未来的经营管理提供必要的分析基础和衡量标准。在过去，创业计划书单纯地面向投资者。现在却不同，对外，创业计划书成为企业推销自己、获得资金和生意机会的工具；对内，创业计划书为企业指明了方向，为经营管理提供了依据。

单元二　创业计划制订的准备工作

创业计划是创业的必备前提。创业是艰难的，并不是靠梦想、靠一股拼劲就能成功的。创业前需要制订计划，创业计划越仔细越好，尽可能地列出所有的情况，然后根据计划一步步的完成。

一、市场分析

市场分析是对市场供需变化的各种因素及其动态、趋势的分析。创业计划中的市场分析主要包括：行业分析，竞争分析，市场细分、目标市场和目标客户分析，市场规模分析。

（一）行业分析

一个行业的特征和背景对企业制定和采取何种经营战略具有重要的影响，所以它常常是企业在制定经营战略时最先要考虑的方面。

1. 行业基本状况分析

行业基本状况分析需要重点关注国内外该行业发展进展状况。行业基本状况包括这个行业的前世今生、发展历程回顾、现状以及对未来的预测。此外，行业容量也需要重点关注。有的企业规模做不上去，可能不是企业本身的问题，而是行业规模就那么大，即使做到了行业第一也只能如此。但这样的企业可以通过收购来延长产业链，因为通过自身力量很难突破行业瓶颈。

2. 行业特征分析

行业特征是影响企业投资价值的重要因素之一，不同企业之间特征差异比较大。比如说零售行业，该行业进入门槛不高，但企业竞争激烈，整个行业呈现出经营品种多、周转速度快以及行业毛利率低的特点。再比如制药企业，企业首先要取得政府颁发的生产许可证，行业进入门槛高，再加上药企资金投入大，对高级专门人才的需求大、工艺复杂等，其利润率要高于一般行业。所以说同行间的企业更具有可比性。

3. 行业生命周期分析

行业生命周期可分为经济周期与生命周期两类。我们需要判断行业处于哪个阶段。行业目前所处阶段是否产能过剩，是否已经达到天花板上限。因此，行业生命周期分析一定要结合产品周期。比如汽车行业，传统燃油汽车发展已经成熟，但是新能源汽车正方兴未艾。所以说，技术变革和商业模式的创新，可能让成熟衰退期的行业"老树发新枝"，行业生命周期没有绝对的衰退，我们要结合产品周期来看。

（二）竞争分析

竞争分析是指对竞争对手的现状和未来动向进行分析。竞争对手包括当前的竞争对手和很有可能进入的潜在的竞争对手。

1. 定义当前的竞争对手

首先把当前的竞争对手定义出来。例如，如果你打算打开一个体育用品实体商店，目标市场已经有三个体育用品专卖店了，是哪三个？当然，电商也是你的竞争对手，但除非你决定也要加入电商业务，深入分析电商领域的竞争对手意义不大。虽然你可能无时无刻地在对比和分析天猫或者京东同行的价格销量，但是电商会从你的目标市场分割掉多少份额，你是很难分析的。在定义当前的竞争对手时，要优先分析目标市场业务模式相近的直接竞争对手。比方说，如果你打算成立一家财务代理公司，你的竞争对手是同一地区的其他财务代理公司。如果你打算开一家服装店，你将与所在商区的其他服装店竞争。

一旦确定了主要竞争对手，你可以客观地问自己以下问题：

（1）竞争对手有什么优势？价格、服务、便捷性、库存，在哪些方面你比较弱？

（2）竞争对手有什么缺点？他们的缺点应该是你充分利用的。

（3）判断竞争对手的市场意图。是快速获取市场份额，还是培养优质客户？试着从他们的角度去阅读市场，他们的目标是什么？

（4）竞争对手使用什么样的营销策略？看他们的广告、软文等。

（5）你怎样才能一步步夺取他们的市场份额？

（6）当你进入市场时，他们会有什么反应？

虽然回答这些问题看起来像是有很多的工作量，其实这个过程应该是比较容易的。你应该已经对竞争对手的优势和劣势有感觉了，对你的行业和市场多少知道一些。

收集竞争对手信息的手段主要有以下几个方面：

（1）分析它们的网站和宣传物料。

（2）实地考察，索取产品资料。

（3）参观他们参加的展会或者招商会、发布会。

（4）通过网络查询它们的信息，如新闻、软文等。

2. 识别潜在的竞争对手

潜在的竞争对手是比较难预测的，你很难知道什么时候忽然冒出来一个竞争对手，它可能像大多数菜鸟一样会很快消失，也有可能是精心策划过的硬骨头，创业者应该定期搜索行业新闻、行业媒体。

新竞争对手的出现也不是毫无征兆的，你能看到的机会别人也可能看到。思考如下问题，如果存在这些情况，那么时刻准备好，新的竞争对手已经在路上了。

（1）行业平均利润率很高。

（2）进入市场花钱不多，没有任何前置许可限制。

（3）市场正在快速增长。一般来说增长越快，潜在对手越多。

（4）供给和需求暂时失衡，供应低，需求高。

（5）很少存在竞争，这种一般是需要前置许可的业务，而且这种许可一般很难获得。但是，潜在竞争对手往往把眼里为数不多的竞争对手看个通透，只要他们获得许可，动起手来可是毫不留情。

一般来讲，如果你的产品服务并不复杂，你应该假设潜在竞争者会进入你的市场。一份好的创业计划书中应该对潜在竞争者有所估计。

（三）市场细分、目标市场和目标客户分析

直到有人购买产品或服务时创业才算成功，在此之前所有的努力都不算。这个简单事实会让你始终牢记经商最重要的原则。经商和产品不是一回事，因为只要产品卖不出去，那就根本没有商业可言，只有市场才是检验成功的终极标准。

1. 市场细分

市场细分是指营销者通过市场调研，依据消费者的需要和欲望、购买行为和购买习惯等方面的差异，把某一产品的市场整体划分为若干个消费者群的市场分类过程。其中，每一个消费者群，就是一个具体的细分市场，每一个细分市场都是具有类似需求倾向和消费者构成的群体。对于初创企业来说，开发现有市场无法提供的创新产品是取得成功的重要条件。有效的细分市场必须具备以下特征。

（1）可衡量性。

可衡量性是指各个细分市场的购买力和规模能被衡量的程度。如果细分变数很难衡量的话，就无法界定市场。

（2）可盈利性。

可盈利性是指企业新选定的细分市场容量足以使企业获利。

（3）可进入性。

可进入性是指所选定的细分市场必须与企业自身状况相匹配，企业有优势占领这一市场。可进入性的具体表现为：信息进入、产品进入和竞争进入。考虑市场的可进入性，实际上是研究其营销活动的可行性。

（4）差异性。

差异性是指细分市场在观念上能被区别并对不同的营销组合因素和方案有不同的反应。

（5）相对稳定性。

相对稳定性是指细分后的市场有相对应的时间稳定。细分后的市场能否在一定时间内保持相对稳定，直接关系到企业生产营销的稳定性。特别是大中型企业以及投资周期长、转产慢的企业更容易造成经营困难，严重影响企业的经营效益。

2. 选择目标市场

选择目标市场是指估计每个细分市场的吸引力程度，并选择进入一个或多个细分市场，即细分一个市场并把它作为目标市场。市场细分是选择目标市场的基础。了解目标市场可以更科学地制定市场销售策略以及开发新产品或服务，还可以预测未来的销售和利润情况。

3. 定义目标客户

目标客户是指一群拥有共同特征的潜在客户。要想使选择的目标市场能够落地，首先必须要聚焦目标客户，它决定着你能否找到真实有效的客户。

定义目标客户时要明确的问题主要包括以下几个方面：

（1）客户的性别。

（2）客户的年龄范围。

（3）客户的收入状况。

（4）客户的地理分布。

（5）客户的购买动机。

（6）客户有何顾虑。

（7）客户购买产品的原因（是省钱、个人形象，还是同伴压力）。

（8）客户的其他信息。

特别提示：定义目标客户，关键的不是他是一个什么样的人，比如年龄30岁、硕士学历、中产阶层等，而是他跟产品发生交集的时候，他是一个什么样的人，扮演的角色和消费形态。

（四）市场规模分析

市场规模即市场容量，是一个特定产品的购买用户数（或销售量、销售额）。如何估算市场规模呢？根据史蒂夫·布兰科斯的《创业指导手册》，计算一个创业市场需要估计TAM、SAM、SOM的价值，所以简单来分，市场规模有3类。

1.总潜在市场

总潜在市场（Total Addressable Market，TAM）：是指一款产品或服务在现有市场上真正的可以达到的市场规模，或者说你的产品未来的覆盖的消费者人群规模。

2.可服务市场

可服务市场（Serviceable Available Market，SAM）：即你的产品可以覆盖的人群。

3.可获得服务市场

可获得服务市场（Serviceable Obtainable Market，SOM）：即你的产品实际可以服务到的市场范围，这要考虑到竞争、地区、分发、销售渠道等其他市场因素。

二、商业模式设计

商业模式的设计是商业策略的一个组成部分，商业模式是企业基本盈利假设和实现方式，以及由此产生的不同价值链和不同资源配置模式。具体地说，商业模式要解决的问题是企业的利润从哪里来？也就是企业利润来源于什么样的价值链条，以及主要由价值链中的哪些环节实现？为什么是这样而不是其他的选择？换言之，商业模式是企业进行赖以生存的业务活动的方法，决定了企业在价值链中的位置如何通过产品赚钱？有学者认为：商业模式就是如何创造和传递客户价值和公司价值的系统，主要包含4大要素：客户价值主张、盈利模式、关键资源和关键流程。

（一）客户价值主张

客户价值主张是指对客户来说什么是有意义的，即对客户真实需求的深入描述。客户价值主张是商业模式的核心要素，也是其他几个要素的预设前提。它要说明的是你能给客户带来什么价值，这也符合最基本的商业逻辑：你想赚钱？好！请问你能给别人带来什么价值？

（1）你的产品或服务是什么？

任何一个企业都必须有自己的产品和服务，这是企业的核心。你的产品和服务是什么？所谓产品，有形的比如手机、机器人设备等，我们称之为产品；有些无形的，比如一些知识产品，像喜马拉雅的音频，我们也称之为产品。服务应该是一个过程，做投资也好，做咨询也好，本质上是为客户提供一种服务产品。以做咨询为例，帮助那些高成长性的企业家提供有关战略制定、落地、组织发展、领导力方面的服务，这种服务与产品不同的地方在于，它是非标准化的，是为客户定制的，而且是一个长期交互的过程。所以，无论你是提供产品还是提供服务，都要有非常清晰的客户价值主张。如果连这个问题都没有弄清楚的话，你可能还完全没有进入创业的状态。

（2）你的产品或服务能给客户带来什么价值？

商业的本质是价值交换，要交换价值就得首先创造价值，因此有个问题创业者一定要搞清楚：你能为他们提供什么价值？这就是我们所说的商业模式的核心环节，也是商业模式的第一个要素。

（二）盈利模式

商业模式最重要的是可行性，能否产生收入和利润。盈利模式是公司如何既为客户提供价值又为自己创造价值的详细计划，包括以下构成要素：

（1）收益模式：价格×数量。

（2）成本结构：直接成本、间接成本、规模效益。成本结构主要取决于商业模式所需要的关键资源的成本。

（3）利润模式：在已知预期数量和成本结构的情况下，为实现预期利润所要求每笔交易贡献的收益。

（4）利用资源的速度：为了实现预期营业收入和利润，我们需要多高的库存周转率、固定资产及其他资产的周转率，并且还要从总体上考虑我们该如何利用好资源。

人们往往把"盈利模式"和"商业模式"概念混为一谈。事实上，盈利模式只是商业模式的一部分。

（三）关键资源

每个公司都有一般资源，但这些资源无法创造出差异化竞争优势。关键资源是指向目标客户群体传递价值主张所需的人员、技术、产品、厂房、设备和品牌，这里我们关注的是那些可以为客户和公司创造价值的关键要素，以及这些要素间的相互作用方式。

（四）关键流程

成功企业都有一系列的运营流程和管理流程，以确保其价值传递方式具备可重复性和扩展性，这些流程包括培训、产品研发、生产、预算、规划、销售和服务等日常周期性工作。此外，关键流程还包括公司的规则、绩效指标和规范等。对于初创企业来讲，要明确以下几个问题：

（1）怎样让客户改变当前消费现状？

（2）怎样才能尝试新的选择（购买你的产品）？

（3）客户怎样了解你的产品？

（4）客户怎样分析你的产品？

（5）客户怎样购买你的产品？

（6）客户怎样为产品付费？

如果说客户价值主张和战略相关，盈利模式与销售和运营相关，那么关键资源和关键流程则考验的是一个企业的执行能力。

三、财务预测

财务预测是所有计划和想法的结果预测，它用于回答潜在投资人，更重要的是回答自己两个很重要的问题："这个生意能不能赚钱？""什么时候赚钱？"合理的财务预测会帮助你制订和运行各种计划，有助于公司的成功。

（一）基本假设：收入与支出预测

1. 支出预测

支出应该是在做预测中最容易按照支出方式来进行预测的。

（1）一次性支出。

一次性支出是指那些仅会发生一次，或者发生非常不频繁的支出项目。很多一次性支出是在业务开始的时候支出的。比如：房屋装修费用、办公家具、房屋的押金（虽然押金会在租赁结束的时候退回，但是只要业务继续进，这笔押金就一直会在房东手上，所以也应将其作为支出进行列示）。

（2）固定支出。

固定支出是指那些不会随着产品产量或产品销售数量变动而变动的支出。一般来说，这些固定支出的金额都是规定的，并以每周、每月、每季度或者每年持续发生。比如房屋和设备的租金、办公室的运营费用中的固定支出、保险费、代理记账的费用等。对于多数创业公司来说，人力成本往往是各项成本中最大的一项成本。按月固定支出的那部分人力资源支出应当计入固定支出。审慎地计划公司人力资源的支出对于初创公司来说非常重要。

（3）变动支出。

变动支出是指那些与产品产量和销售数量直接相关的支出项。原材料费用、与生产相关的计件或计时工资、与销量挂钩的销售佣金、单位加工费用、运费、包装费等都是变动支出。

2. 收入预测

收入预测是财务预测中非常具有挑战的一部分，其受到非常多的因素的影响。初创企业的收入预测主要来源于付费客户。在做收入预测时需要明确的是：你的目标客户群是谁，在某一个时间段可以获得多少客户，可以卖给他多少商品或者服务，这个商品和服务的定价是怎么样的。在进行收入预测的时候，明确界定收入的影响因素非常的重要，预测收入的逻辑很简单，需要有产品或服务的定价和客户人数，把这二者放在时间的框架中看它们如何增长，这便是"收入的预测"。

（1）产品定价。

无论公司做的是产品还是服务，都得有基本的定价。产品定价的目标是促进销售，获取利润。这要求企业既要考虑成本的补偿，又要考虑消费者对价格的接受能力，从而使产品的定价策略具有买卖双方双向决策的特征。

（2）客户人数。

对于初创公司来说，什么时候进来第一个客户，客户人数到底有多少，这些都是令人头痛和迷茫的问题。计算客户人数万万不可使用"市场占有率"之类的百分比，因为初创公司都是小公司，小本经营，得精打细算。

（3）时间框架有了产品定价和客户人数的假设，再把它们放进一个时间框架里去，一般来说，投资人会要求创业公司做3～5年的预测。创业公司的财务预测最忌讳按"年"来计算，最好用"月"来计算。一旦把数字化整为零按月来计算，无论收入还是支出的预测，数字都会让你对财务预测比较有感觉和把握。比如你需要3个月时间设计开发产品，外加3个月时间测试、改进、量产，然后正式投入市场，所以，公司收入进来最早也要在第7个月，也不一定，也许分销商还有90天的账期，这样的话，收到钱可能要到第10个月；接下来是第11个月，收入应该有所增长，再下一个月会继续增长。按月来做预测相对会精准很多，因为30天以内能做多少事情，还是可以比较容易测算出来的。按月做出来的财务预测不仅可以拿出来和投资人讨论细节，令其信服，更重要的是，它还可以用来对照和指导你每个月的日常运营。

分析和调整：检查主要数据之间的关系和比率。

检查主要数据之间的关系和比率，确保能从财务预测的数据中看到这家初创公司的业务是健康和合理的，必要时，还需要调整、平衡收入和成本之间的关键比率。当然，调整的原则依然是回到每月的原始数据里去分析它们的准确性与合理性。

（1）毛利率。

随着时间的延伸和业务的扩展，初创公司的毛利率可能会从10%增加到60%，甚至更高，这就是公司的生命力所在。

（2）营业利润率。

公司里的管理成本是相对固定的，随着收入的增长，它占总成本的比例越来越小，营业利润率便会大大提高。

（3）增长率和规模。

现在创业的公司都很多，但并不是每个创业公司都会成功，如果经营不善，只能吞下失败的苦果。财务预测的关键，是对公司未来收入做比较现实的假设，这样才能使创业者看清每一天的任务细节和自己必须踏出的每一个脚印。

（二）启动资金需求

启动资金是指创业者进行创业时，前提的资本投入，是项目的前期开支。

资金需求是指公司日常经营所需的资金，启动资金需求包含3部分内容。

1. 固定资产购置费用

固定资产购置费用是指发生的不随产品产量或工作量的增减而升降的费用。如管理人员的工资、固定资产的折旧和修理费、办公费等，这些费用具有相对固定的性质，在一定规模的情况下，与产量变动关系不甚紧密。

2. 开办费

开办费一般包括工商注册费、税务登记费、市场调查费、差旅费、咨询费、各种许可证审批费用、支付连锁加盟费用、其他费用（比如培训费）等。

3. 流动资金

流动资金一般包括原材料/商品采购、场地租金、员工薪酬、办公用品及耗材、水费、电费、交通差旅费、其他费用等。

单元三　创业计划书的编写

如果有了一份详尽的创业计划书，就好像有了一份业务发展的指示图一样，它会时刻提醒创业者应该注意什么问题，规避什么风险，并最大限度地帮助创业者获得来自外界的帮助。

一、创业计划书的目的

创业计划书有着非常重要的作用。

（一）帮助创业者自我评价，厘清思路

在创业融资之前，创业计划书首先应该是给创业者自己看的。创业者应该以认真的态度对自己所有的资源、已知的市场情况和初步的竞争策略作尽可能详尽的分析，并提出一个初步的行动计划，通过创业计划书做到使自己心中有数。另外，创业计划书还是创业资金准备和风险分析的必要手段。对初创的风险企业来说，创业计划书的作用尤为重要，一个酝酿中的项目，往往很模糊，通过制订创业计划书，把正反理由都书写下来，然后再逐条推敲，创业者就能对这一项目有更加清晰的认识。

（二）帮助创业者凝聚人心，有效管理

一份完美的创业计划书可以增强创业者的自信，使创业者明显感到对企业更容易控制、对经营更有把握。因为创业计划提供了企业全部的现状和未来发展的方向，也为企业提供了良好的效益评价体系和管理监控指标。创业计划书使得创业者在创业实践中有章可循。

创业计划书通过描绘新创企业的发展前景和成长潜力，使管理层和员工对企业及个人的未来充满信心，并明确要从事什么项目和活动，从而使大家了解将要充当什么角色，完成什么工作，以及自己是否胜任这些工作。因此，创业计划书对于创业者吸引所需要的人力资源、凝聚人心，具有重要作用。

（三）帮助创业者对外宣传，获得融资

创业计划书作为一份全方位的项目计划，它对即将展开的创业项目进行可行性分析的过程，也在向风险投资商、银行、客户和供应商宣传拟建的企业及其经营方式，包括企业的产品、营销、市场及人员、制度、管理等各个方面。在一定程度上也是拟建企业对外进行宣传和包装的文件。

所以优秀的创业计划书需要给风险投资家足够的信心。创业计划是创业的试金石，通过融资潜力基本上可以判断创业计划的价值。

创业计划书的好坏，往往决定了投资交易的成败。对初创的风险企业来说，创业计划书的作用尤为重要。当你选定了创业目标与确定创业的动机后，在资金、人脉、市场等各方面的条件都已准备妥当或已经累积了相当实力，这时候，就必须提供一份完整的创业计划书，创业计划书是整个创业过程的灵魂。

创业计划书的内容从企业成长经历、产品服务、市场、营销、管理团队、股权结构、组织人事、财务、运营到融资方案。只有内容翔实、数据丰富、体系完整、装订精致的创业计划书才能吸引投资商，让他们看懂您的项目商业运作计划，才能使您的融资需求成为现实，创业计划书的质量对创业者的项目融资至关重要。

创业计划书的起草与创业一样，本身是一个复杂的系统工程，不但要对行业、市场进行充分的研究，而且还要有很好的文字功底。对于一个发展中的企业，专业的创业计划书既是寻找投资的必备材料，也是企业对自身的现状及未来发展战略的全面思索和重新定位。

（四）帮助创业者明确方向，优化发展

创业者可以通过制作创业计划书确定创业方向。同时，创业计划书的制作是个漫长的、需要创业者根据企业的实际情况不断调整和完善的过程。若创业者能在该过程中认识到某一方面的不足或者能更新经营思路等，就有利于企业获得良性发展。

二、创业计划书的分类

创业计划书常见分类方式有：按其使用目的划分，可分为争取风险资金投入的创业计划书、争取政府支持的创业计划书、争取他人合伙的创业计划书和争取银行贷款的创业计划书；按详细程度划分，可分为详细的创业计划书和简单的创业计划书。根据编写创业计划书的篇幅以及适用情况的不同，主要介绍两种类型的创业计划书：完整型创业计划书和简略型创业计划书，见表8-1。

（一）完整型创业计划书

完整型创业计划书也就是一般意义上的创业计划书。此类创业计划书内容最全面，涵盖了创业的方方面面，通常用于吸引潜在的投资者和合作伙伴。其篇幅一般有20~40页，其中包括5~10页的辅助文件。通过完整型创业计划书，创业者能对整个创业项目有一个较全面的描述，尤其能够较详细地论述计划中的关键部分。

其用途主要是：①新创企业；②希望就关键问题与投资者探讨；③详细描述和解释项目；④争取大额的风险投资。

（二）简略型创业计划书

这是一种短小精悍的创业计划书，它包括企业的关键信息、市场预测、盈利模式等重要信息，以及少量必要的辅助性材料。简略型创业计划书的篇幅通常有10~15页。

简略型创业计划书主要适用于以下情况：①享有盛名的企业；②申请银行贷款；③试探投资商的兴趣；④竞争激烈、时间紧迫。

表8-1　创业计划书的类型及特点

类型	篇幅/页	内容	适用情况
完整型创业计划书	20~40	覆盖全面的完整信息	新创企业 希望就关键问题与投资者探讨 详细描述和解释项目 争取大额的风险投资
简略型创业计划书	10~15	短小精悍的关键信息	享有盛名的企业 申请银行贷款 试探投资商的兴趣 竞争激烈、时间紧迫

近年来，各学校也开展了创新创业课程，创业计划书撰写是创业教育中的重要内容，可以帮助学生掌握市场分析、商业策略、财务预测和风险管理等关键技能。许多学校和企业都为学生和员工提供创业计划书撰写的实践和课堂活动，以帮助他们了解创业过程和培养创业精神。下面是一些常见的创业计划书撰写的实践和课堂活动。

第一，创业比赛：许多学校和企业举办创业比赛，要求参赛者提交完整的创业计划书。参赛者需要准备商业计划书、商业模型和演示文稿等，并在比赛中展示他们的创意、市场分析和财务预测。这种实践活动可以帮助参赛者了解如何撰写一份成功的创业计划书，以及如何进行有效的商业展示和演讲。

第二，创业营：许多学校和企业为学生和员工提供创业营，要求他们组成团队并撰写一份完整的创业计划书。在创业营中，学生和员工将学习如何进行市场研究、制定商业策略、管理财务和风险，并撰写一份完整的创业计划书。这种实践活动可以帮助学生和员工了解创业过程中的挑战和机遇，并提高他们的创业能力和信心。

第三，创业课程：许多学校和企业为学生和员工提供创业课程，要求他们撰写一份完整的创业计划书作为课程项目。在课程中，学生和员工将学习市场研究、商业策略、财务预测和风险管理等关键技能，并在最后撰写一份完整的创业计划书。这种实践活动可以帮助学生和员工了解创业的核心概念和技能，并为他们未来的创业实践做好准备。

第四，创业导师：一些学校和企业为学生和员工提供创业导师服务，要求他们撰写一份完整的创业计划书，并在导师的指导下不断完善和修改。导师可以提供市场研究、商业策略、财务预测和风险管理等方面的指导和建议，帮助学生和员工更好地理解创业过程，并撰写出更成功的创业计划书。

第五，创业实践：一些学校和企业为学生和员工提供创业实践机会，要求他们在实践中撰写一份完整的创业计划书。在实践中，学生和员工将了解如何把商业计划转化为实际行动，并实现商业模型和策略的实施。这种实践活动可以帮助学生和员工了解创业的现实挑战和机遇，并加强他们的创业能力和实践经验。

总的来说，创业计划书撰写的实践和课堂活动可以帮助学生和员工了解创业过程和核心概念，掌握市场分析、商业策略、财务预测和风险管理等关键技能，并撰写一份完整的创业计划书。这些实践和课堂活动是创业教育中不可或缺的一部分，可以帮助学生和员工培养创新精神、创业意识和创业能力，为他们未来的创业实践奠定坚实的基础。

除了以上提到的实践和课堂活动，创业计划书撰写还可以结合一些其他的教学方法和工具，以帮助学生和员工更好地掌握创业技能和知识。下面是一些常见的教学方法和工具。

第一，案例研究：通过对一些成功的创业案例进行深入分析和研究，学生和员工可以了解创业成功的关键因素和策略，并应用到自己的创业计划书中。

第二，创业工具箱：一些学校和企业为学生和员工提供创业工具箱，其中包括市场研究工具、商业模型工具、财务预测工具和风险管理工具等，可以帮助他们更好地撰写创业计划书和实施创业策略。

第三，创业导航：一些学校和企业为学生和员工提供创业导航服务，要求他们跟随导航完成一系列的任务和活动，并撰写一份完整的创业计划书。这种实践活动可以帮助学生和员工了解创业的具体步骤和要点，并提高他们的创业能力和实践经验。

第四，创业沙龙：一些学校和企业组织创业沙龙，邀请成功的创业者、投资者和专家分享他们的经验和见解，并与学生和员工互动和交流。这可以帮助学生和员工了解创业领域的最新趋势和发展，提高他们的创业洞察力和思维能力。

总的来说，创业计划书撰写需要通过实践和课堂活动等多种教学方法和工具，以帮助学生和员工掌握创业核心概念和技能，并撰写出更成功的创业计划书。这些教学方法和工具可以帮助学生和员工了解创业的现实挑战和机遇，提高他们的创业能力和实践经验，为他们未来的创业实践做好准备。

除了以上提到的教学方法和工具，还有一些其他的方式可以帮助学生和员工更好地掌握创业技能和知识，进一步提高他们的创业能力和实践经验。

第一，创业实习：一些学校和企业为学生和员工提供创业实习机会，要求他们加入创业团队并参与实际的商业活动。通过实习，学生和员工可以深入了解创业的现实挑战和机遇，并应用他们所学的知识和技能进行实际操作和实践。

第二，创业导师计划：一些学校和企业为学生和员工提供创业导师计划，要求他们与成功的创业者和投资者建立联系，并获得他们的指导和支持。导师可以提供实践经验、专业知识和建议，帮助学生和员工更好地了解创业过程和实践技能。

第三，创业网络：一些学校和企业为学生和员工建立创业网络，以帮助他们与其他创业者和投资者互动和交流。通过网络，学生和员工可以分享经验、交流想法、寻找投资和资源，并建立重要的人脉关系。

第四，创业活动：一些学校和企业组织创业活动，例如创业讲座、创业展览、创业比赛和创业会议等，以帮助学生和员工了解创业领域的最新趋势和发展，并与其他创业者和投资者互动和交流。

总的来说，创业计划书撰写的教学实践需要采用多种方法和工具，以帮助学生和员工更好地了解创业过程和核心概念，掌握市场分析、商业策略、财务预测和风险管理等关键技能，并提高他们的创业能力和实践经验。这些教学实践不仅可以加强学生和员工的创业意识和创新精神，还可以培养他们的创业能力和实践经验，为他们未来的创业实践奠定坚实的基础。

此外，在实践和课堂活动中，也需要注意以下几点，以确保学生和员工获得最大的收益：

第一，实践与理论相结合：创业计划书的撰写需要实践和理论相结合。在实践中，学生和员工可以了解创业的具体步骤和要点，并应用所学的理论知识进行实际操作。在课堂中，教师可以为学生和员工提供相关的理论知识和背景，并指导他们如何将理论知识应用到实践中。

第二，个性化指导：在实践和课堂活动中，需要为每个学生和员工提供个性化的指导和支持。每个人的创业经历和背景都不同，需要针对个人情况提供相应的指导和建议。通过个性化指导，可以帮助学生和员工更好地理解创业过程和核心概念，并撰写出更成功的创业计划书。

第三，团队合作：创业计划书的撰写需要团队合作。学生和员工需要组成团队，并共同撰写一份完整的创业计划书。在团队合作中，可以相互协作、分享经验，并共同解决问题。团队合作可以帮助学生和员工了解团队协作的重要性，并培养团队合作的能力和技能。

第四，实时反馈：在实践和课堂活动中，需要提供实时反馈。教师和导师可以对学生和员工的创业计划书进行评估和反馈，帮助他们发现和纠正问题，并及时调整创业策略。实时反馈可以帮助学生和员工了解自己的优势和不足，并及时调整和完善创业计划书。

总的来说，创业计划书的撰写需要采用多种实践和课堂活动，并注意以上几点，以帮助学生和员工更好地了解创业过程和核心概念，掌握市场分析、商业策略、财务预测和风险管理等关键技能，并提高他们的创业能力和实践经验。同时，需要注意个性化指导、团队合作和实时反馈等方面，以确保学生和员工获得最大的收益。

最后，创业计划书撰写的实践和课堂活动需要注意的一个关键点是，应该注重培养学生和员工的创业精神和创新能力。创业不仅仅是一项具体的商业活动，更是一种创造性的思维和行动方式。在实践和课堂活动中，应该注重培养学生和员工的创新精神和创业意识，帮助他们认识到创业是一项具有挑战性和创造性的活动，需要具备一定的冒险精神和创新能力。

由此可以看出，创业计划书的撰写需要注重培养学生和员工的创业精神和创新能力，帮助他们认识到创业不仅是一项具体的商业活动，更是一种创造性的思维和行动方式。在实践和课堂活动中，可以采用创新思维训练、创业故事分享、创新比赛和创新实验室等方法和工具，以帮助学生和员工更好地掌握创新和创业技能，并为他们未来的创业实践奠定坚实的基础。

三、创业计划书的编写

创业计划书是在对行业、市场进行充分研究的基础上编写完成的，在编写创业计划书时，要注意措辞准确、行文条理清晰，简明扼要。

（一）创业计划书的编写步骤

创业计划书的编写可以分为以下6步。

1. 经验学习

初创企业的创业者并没有编写创业计划书的经验，此时，可以先搜集国内外较为成功的商业计划书范文、模板及相关资料。研究这些资料所包含的内容、结构和写作手法后，吸收其中的精华，厘清自己写作的思路。

2. 创业构思

一个成功的企业源于一个优秀的企业构思。如果构思不正确，企业后期将经营困难，甚至破产倒闭。因此，成熟的创业者应具有较为完整的创业构思。

陈丽每天朝九晚五地上班，加上还要照顾孩子，一直觉得力不从心。于是，她产生了自己当老板的念头，开一家店面维持生计。她看邻居开了一家水果店，收益一直非常好，便觉得很有发展前途，于是辞了职，办理营业执照后，在邻居家对面也开了一家水果店。

开业后，陈丽很快就遇到了问题。她发现，来她店里的顾客远远不及邻居店里的多，而且很多水果不宜储存，容易变质，成本开销太大。陈丽苦撑了一段时间，发现情况越来越糟，自己也没有其他办法，只有关了门，把店面转租给别人。

陈丽没有做任何准备，只是看别人的生意好就跟着学，这直接导致了她的失败。这也说明，创业构思对创业成功的重要性，因此创业者要冷静分析、谨慎决策。

创业者在进行创业构思时，要考虑很多方面的问题：如企业的名称是什么？怎么寻找合适的创业模式？企业的产品（服务）如何？怎样找到投资者？怎样预见可能遇到的各种问题？

3. 市场调研

市场调研就是市场需求调查，就是运用科学的方法，有目的、有计划地收集、整理、分析有关供求、资源的各种情报、信息和资料。市场调研是展现现有市场和预测未来发展趋势的调研活动，它为创业者制作营销策略和企业决策提供了正确、有效的依据。

4. 方案起草

收集到足够的信息后，创业者即可开始起草创业计划。由于创业计划书中包含的内容众多，创业者在计划时要明确各个部分的作用，做到有的放矢。创业者可以制定一个任务表，在表格中将需要完成的各项任务细化出来，标明其先后顺序、负责人等。

同时，在撰写创业计划书的过程中，创业者还需咨询律师或顾问的意见，确保计划书中的文字和内容没有歧义，不会发生误解。

5.修饰

在撰写创业计划书的过程中，要注意控制篇幅。简要的创业计划书一般为4～10页，全面翔实的创业计划书一般在40页以内。创业计划书的封面要简洁有新意，包含项目或企业名称、地址、联系方式等。封面的纸质要坚硬耐磨，尽量使用彩色纸张，以增加文件的外观吸引力，但颜色不要过于耀眼。版本装订要精致，要按照资料的顺序进行排列，并提供目录和页码，最后还要附上计划书中支持材料的印件。

6.检查

对创业计划书文本和内容进行检查，以保证计划书的正确和美观。对文本进行检查时，主要是查看文字描述、语言措辞、数据运算等是否准确；表格图形、资料引用、模型格式、数据处理等是否存在不合理；格式排版是否美观。内容检查则是从阅读者的角度进行审视，对创业计划书所反映的内容的完整性、科学性和合理性等进行核查。

（二）创业计划书的内容

当你选定了创业目标与确定创业的动机之后，而在资金、人脉、市场等各方面的条件都已准备妥当或已经累积了相当实力，这时候，就必须提出一份完整的创业计划书。创业计划书是整个创业过程的灵魂，在这份白纸黑字的计划书中，主要详细记载了一切创业的内容，包括团队介绍、竞争力介绍、市场分析、财务管理、风险控制，在创业的过程中，这些都是不可或缺的元素。在某些时候，创业计划书除了能让创业者清楚明白自己的创业内容，坚定创业的目标外，还可以兼具说服他人的作用。通过创业计划书，创业者对自己的创业会有比较清晰的认识，甚至可以赚得一笔创业基金。

1.创业计划的制订问题

（1）关注产品。

在经营计划中，应提供所有与企业的产品或服务有关的细节，包括企业所实施的所有调查。这些问题包括：产品正处于什么样的发展阶段？它的独特性怎样？企业分销产品的方法是什么？谁会使用企业的产品，为什么？产品的生产成本是多少？售价是多少？企业发展新的现代化产品的计划是什么？把投资者拉到企业的产品或服务中来，这样投资者就会和风险企业家一样对产品有兴趣。

（2）敢于竞争。

在经营计划中，风险企业家应细致分析竞争对手的情况。竞争对手都是谁？他们的产品是如何工作的？竞争对手的产品与本企业的产品相比，有哪些相同点和不同点？竞争对手所采用的营销策略是什么？要明确每个竞争者的销售额、毛利润、收入以及市场份额，然后再讨论本企业相对于每个竞争者所具有的竞争优势，要向投资者展示，顾客偏爱本企业的原因是：本企业的产品质量好、送货迅速、定位适中、价格合适等，经营计划要使它的读者相信，本企业不仅是行业中的有力竞争者，而且将来还会是确定行业标准的领先者。在经营计划中，企业家还应阐明竞争者给本企业带来的风险以及本企业所采取的对策。

（3）了解市场。

经营计划要给投资者提供企业对目标市场的深入分析和理解。要细致分析经济、地理、职业以及心理动因等因素对消费者选择购买本企业产品这一行为的影响，以及各个因素所起的作用。经营计划中还应包括一个主要的营销计划，计划中应列出本企业打算开展广告、促销以及公共关系活动的地区，明确每一项活动的预算和收益。经营计划中还应简述一下企业的销售战略：企业是使用外面的销售代表还是使用内部职员？企业是使用转卖商、分销商还是特许商？企业将提供何种类型的销售培训？此外，经营计划还应特别关注一下销售中的细节问题。

（4）表明行动的方针。

企业的行动计划应该是无懈可击的。经营计划中应该明确下列问题：企业如何把产品推向市场？如何设计生产线，如何组装产品？企业生产需要哪些原料？企业拥有哪些生产资源，还需要什么生产资源？生产和设备的成本是多少？企业是买设备还是租设备？解释与产品组装、储存以及发送有关的固定成本和变动成本的情况。

（5）展示你的管理队伍。

把一个思想转化为一个成功的风险企业，其关键的因素就是要有一支强有力的管理队伍。这支队伍的成员必须有较高的专业技术知识、管理才能和多年工作经验，要给投资者这样一种感觉："看，这支队伍里都有谁！如果这个公司是一支足球队的话，他们就会一直杀入世界杯决赛！"管理者的职能就是计划、组织、控制和指导公司实现目标的行动。在经营计划中，应首先描述一下整个管理队伍及其职责，然后再分别介绍每位管理人员的特殊才能、特点和造诣，细致描述每个管理者将对公司所作的贡献。经营计划中还应明确管理目标以及组织机构图。

（6）出色的计划摘要。

经营计划中的计划摘要也十分重要。它必须能让读者有兴趣并渴望得到更多的信息，它将给读者留下长久的印象。计划摘要将是风险企业家所写的最后一部分内容，但却是出资者首先要看的内容，它将从计划中摘录出与筹集资金最相干的细节：包括对公司内部的基本情况，公司的能力以及局限性、公司的竞争对手、营销和财务战略、公司的管理队伍等情况的简明而生动的概括。如果公司，是一本书，它就像是这本书的封面，做得好就可以把投资者吸引住。它会给风险投资家这样的印象："这个公司将会成为行业中的巨人，我已等不及要去读计划的其余部分了。"

2. 明确创业计划书的内容

创业计划书其实没有一成不变的格式，但所包含的内容通常较为一致。一般来说，在创业计划书中应该包括创业的种类、资金规划及基金来源、资金总额的分配比例、阶段目标、财务预估、行销策略、可能风险评估、创业的动机、股东名册、预定员工人数、具体内容。一般包括以下12个方面。

（1）封面。

封面的设计要有审美观和艺术性，一个好的封面会使阅读者产生最初的好感，形成良好的第一印象。创业计划书封面如图8-1所示。

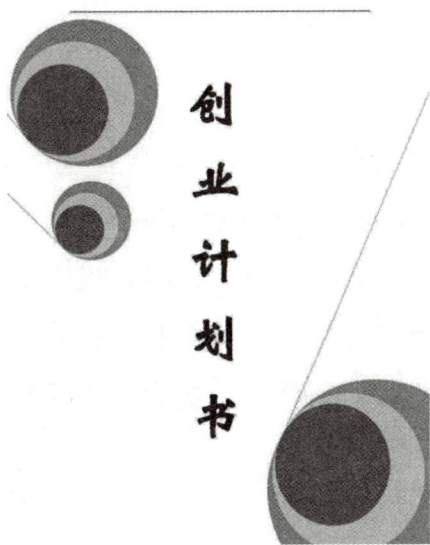

图 8-1　创业计划书封面

（2）计划摘要。

计划摘要浓缩了创业计划书的精华，涵盖了计划的要点，要求一目了然，以便读者能在最短的时间内评审计划并作出判断。

计划摘要一般包括以下内容：公司介绍；管理者及其组织；主要产品和业务范围；市场概貌；营销策略；销售计划；生产管理计划；财务计划；资金需求状况等。

在介绍企业时，首先要说明创办新企业的思路，新思想的形成过程以及企业的目标和发展战略。其次，要交代企业现状、过去的背景和企业的经营范围。在这一部分中，要对企业以往的情况做客观的评述，不回避失误。中肯的分析往往更能赢得信任，从而使人容易认同企业的创业计划书。最后，还要介绍一下创业者自己的背景、经历、经验和特长等。企业家的素质对企业的成绩往往起关键性的作用。在这里，企业家应尽量突出自己的优点并表示自己强烈的进取精神，以给投资者留下一个好印象。

在计划摘要中，企业还必须要回答下列问题：

①企业所处的行业，企业经营的性质和范围；

②企业主要产品的内容；

③企业的市场在那里，谁是企业的顾客，他们有哪些需求；

④企业的合伙人、投资人是谁；

⑤企业的竞争对手是谁，竞争对手对企业的发展有何影响。

摘要要尽量简明、生动。特别要详细说明自身企业的不同之处以及企业获取成功的市场因素。如果企业家了解他所做的事情，摘要仅需2页纸就足够了。如果企业家不了解自己正在做什么，摘要就可能要写20页纸以上。因此，有些投资家就依照摘要的长短来"把麦粒从谷壳中挑出来"。

（3）企业介绍。

这部分的目的不是描述整个计划，也不是提供另外一个概要，而是对你的公司作出介绍，因而重点是你的公司理念和如何制定公司的战略目标。

创业计划书的主体部分从企业描述开始。该部分能体现创业者是否善于把抽象的创意转换成具体的企业。有的项目已经注册公司或者企业，有的项目尚处于创意阶段，项目的远景一般为落地、实践并获得一定的营利。公司（企业）描述，也叫作项目描述，是对本项目的前期准备和运营或者创意的总体介绍。

①公司简介。

要介绍企业历史、使命、法律地位和主要业务，概要介绍企业的主要业务，使投资人快速了解企业的产品或服务。

②业务展望。

介绍企业的战略目标，规划企业未来业务的发展方案，指出关键性发展阶段，突出介绍创意源于何处、怎样进化、由谁负责等几个方面，让投资者了解企业未来3～5年业务的发展方向及其变动理由。

③企业组织结构。

主要说明企业所有制性质、注册地点经营范围及企业全称。暂没有办理相关手续的创意团队，也要介绍创业团队的组成结构。

④供应商。

主要介绍企业生产所需原材料及必要零部件供应商。投资人通常会给名单中的部分或全部供应商打电话以确认该名单的真实性。

⑤协作者或分包人。

说明企业产品生产销售过程中的协作者或分包人，内容包括协作者名单或协作单位名称、金额、地址、联系电话等。

⑥专利与商标。

对企业持有或将要申请的专利与商标进行描述。企业可以通过对专利与商标的描述来强调其独特性，或者在此列出企业的专利与商标清单，让投资人自己判断独特性。

（4）行业分析。

在行业分析中，应该正确评价所选行业的基本特点、竞争状况以及未来的发展趋势等内容。

关于行业分析的典型问题：

①该行业发展程度如何？现在的发展动态如何？

②创新和技术进步在该行业扮演着一个怎样的角色？

③该行业的总销售额有多少？总收入为多少？发展趋势怎样？

④价格趋向如何？

⑤经济发展对该行业的影响程度如何？政府是如何影响该行业的？

⑥是什么因素决定着它的发展？

⑦竞争的本质是什么？你将采取什么样的战略？

⑧进入该行业的障碍是什么？你将如何克服？该行业典型的回报率有多少？

（5）产品（服务）介绍。

在进行投资项目评估时，投资人最关心的问题之一就是，风险企业的产品、技术或服务能否以及在多大程度上解决现实生活中的问题，或者风险企业的产品（服务）能否帮助顾客节约开支，增加收入。因此，产品介绍是创业计划书中必不可少的一项内容。

通常，产品介绍应包括以下内容：产品的概念、性能及特性；主要产品介绍；产品的市场竞争力；产品的研究和开发过程；发展新产品的计划和成本分析；产品的市场前景预测；产品的品牌和专利。

在产品（服务）介绍部分，企业家要对产品（服务）作出详细的说明，说明要准确，也要通俗易懂，使不是专业人员的投资者也能明白。一般地，产品介绍都要附上产品原型、照片或其他介绍。

产品介绍必须要回答以下几个问题：

①顾客希望企业的产品能解决什么问题，顾客能从企业的产品中获得什么好处？

②企业的产品与竞争对手的产品相比有哪些优缺点，顾客为什么会选择本企业的产品？

③企业为自己的产品采取了何种保护措施，企业拥有哪些专利、许可证，或与已申请专利的厂家达成了哪些协议？

④为什么企业的产品定价可以使企业产生足够的利润，为什么用户会大批量地购买企业的产品？

⑤企业采用何种方式去改进产品的质量、性能，企业对发展新产品有哪些计划等。

产品（服务）介绍的内容比较具体，因而写起来相对容易。虽然夸赞自己的产品是推销所必需的，但应该注意，企业所做的每一项承诺都是"一笔债"，都要努力去兑现。要牢记，企业家和投资家所建立的是一种长期合作的伙伴关系。空口许诺，只能得益于一时。如果企业不能兑现承诺，不能偿还债务，企业的信誉必然要受到极大的损害，因而是真正的企业家所不屑为的。

（6）人员及组织结构。

有了产品之后，创业者第二步要做的就是结成一支有战斗力的管理队伍。企业管理的好坏，直接决定了企业经营风险的大小。而高素质的管理人员和良好的组织结构则是管理好企业的重要保证。因此，风险投资家会特别注重对管理队伍的评估。

企业的管理人员应该是互补型的，而且要具有团队精神。一个企业必须要具备负责产品设计与开发、市场营销、生产作业管理、企业理财等方面的专门人才。在创业计划书中，必须要对主要管理人员加以阐明，介绍他们所具有的能力，他们在本企业中的职务和责任，他们过去的详细经历及背景。此外，在这部分创业计划书中，还应对公司结构做一简要介绍，包括：公司的组织机构图；各部门的功能与责任；各部门的负责人及主要成员；公司的报酬体系；公司的股东名单，包括认股权、比例和特权；公司的董事会成员；各位董事的背景资料。

经验和过去的成功比学位更有说服力。如果你准备把一个特别重要的位置留给一个没有经验的人，你一定要给出充分的理由。

（7）市场预测。

当企业要开发一种新产品或向新的市场扩展时，首先就要进行市场预测。如果预测的结果并不乐观，或者预测的可信度让人怀疑，那么投资者就要承担更大的风险，这对多数风险投资家来说都是不可接受的。

市场预测首先要对需求进行预测：市场是否存在对这种产品的需求？需求程度是否可以给企业带来所期望的利益？新的市场规模有多大？需求发展的未来趋向及其状态如何？影响需求都有哪些因素？其次，市场预测还要包括对市场竞争的情况——企业所面对的竞争格局进行分析：市场中主要的竞争者有哪些？是否存在有利于本企业产品的市场空当？本企业预计的市场占有率是多少？本企业进入市场会引起竞争者怎样的反应，在创业计划书中，市场预测应包括以下内容：市场现状综述；竞争厂商概览；目标顾客和目标市场；本企业产品的市场地位；市场区位和特征等。风险企业对市场的预测应建立在严密、科学的市场调查基础上。风险企业所面对的市场，本来就有更加变幻不定的、难以捉摸的特点。因此，风险企业应尽量扩大收集信息的范围，重视对环境的预测和采用科学的预测手段和方法。创业者应牢记的是，市场预测不是凭空想象出来，对市场错误的认识是企业经营失败的最主要原因之一。

（8）营销策略。

营销是企业经营中最富挑战性的环节，影响营销策略的主要因素有：消费者的特点；产品的特性；企业自身的状况和市场环境方面的因素。最终影响营销策略的则是营销成本和营销效益因素。

在创业计划书中，营销策略应包括以下内容：①市场机构和营销渠道的选择；②营销队伍和管理；③促销计划和广告策略；④价格决策。

对创业企业来说，由于产品和企业的知名度低，很难进入其他企业已经稳定的销售渠道中去。因此，企业不得不暂时采取高成本、低效益的营销战略，如上门推销、大打商品广告，向批发商和零售商让利，或交给任何愿意经销的企业销售。对发展企业来说，它一方面可以利用原来的销售渠道，另一方面也可以开发新的销售渠道以适应企业的发展。

（9）制造计划。

创业计划书中的生产制造计划应包括以下内容：产品制造和技术设备现状；新产品投产计划；技术提升和设备更新的要求；质量控制和质量改进计划。

在寻求资金的过程中，为了增大企业在投资前的评估价值，创业者应尽量使生产制造计划更加详细、可靠。一般地，生产制造计划应回答以下问题：企业生产制造所需的厂房、设备情况如何；怎样保证新产品在进入规模生产时的稳定性和可靠性；设备的引进和安装情况，谁是供应商；生产线的设计与产品组装是怎样的；供货者的前置期和资源的需求量；生产周期标准的制定以及生产作业计划的编制；物料需求计划及其保证措施；质量控制的方法是怎样的；相关的其他问题。

（10）财务规划。

财务规划需要花费较多的精力来做具体分析，其中就包括现金流量表，资产负债表以及损益表的制备。流动资金是企业的生命线，因此企业在初创或扩张时，对流动资金需要有预先周详的计划和进行过程中的严格控制；损益表反映的是企业的盈利状况，它是企业在一段时间运作后的经营结果；资产负债表则反映在某一时刻的企业状况，投资者可以用资产负债表中的数据得到的比率指标来衡量企业的经营状况以及可能的投资回报率。

财务规划一般要包括以下内容：创业计划书的条件假设；预计的资产负债表；预计的损益表；现金收支分析；资金的来源和使用。

可以这样说，一份创业计划书概括地提出了在筹资过程中创业者需做的事情，而财务规划则是对创业计划书的支持和说明。因此，一份好的财务规划对评估风险企业所需的资金数量，提高风险企业取得资金的可能性是十分关键的。如果财务规划准备得不好，会给投资者以企业管理人员缺乏经验的印象，降低风险企业的评估价值，同时也会增加企业的经营风险，那么如何制订好财务规划呢？这首先要取决于风险企业的远景规划——是为一个新市场创造一个新产品，还是进入一个财务信息较多的已有市场。

着眼于一项新技术或创新产品的创业企业不可能参考现有市场的数据、价格和营销方式。因此，它要自己预测所进入市场的成长速度和可能获得纯利，并把它的设想、管理队伍和财务模型推销给投资者。而准备进入一个已有市场的风险企业则可以很容易地说明整个市场的规模和改进方式。风险企业可以在获得目标市场的信息的基础上，对企业头一年的销售企业的财务规划应保证和创业计划书的假设相一致。事实上，财务规划和企业的生产计划、人力资源计划、营销计划等都是密不可分的。要完成财务规划，必须要明确下列问题：①产品在每一个期间的发出量有多大？②什么时候开始产品线扩张？③每件产品的生产费用是多少？④每件产品的定价是多少？⑤使用什么分销渠道，所预期的成本和利润是多少？⑥需要雇佣哪几种类型的人？⑦雇佣何时开始，工资预算是多少？等等。

（11）风险与风险管理。

①你的公司在市场、竞争和技术方面都有哪些基本的风险？

②你准备怎样应付这些风险？

③就你看来，你的公司还有一些什么样的附加机会？

④在你的资本基础上如何进行扩展？

⑤在最好和最坏情形下，你的五年计划表现如何？

如果你的估计不那么准确，应该估计出你的误差范围到底有多大。如果可能的话，对你的关键性参数做最好和最坏的设定。

（12）附录。

附录是创业计划书的组成部分，是对主题部分的补充，其作用在于使正文做到言简意赅或者展示由于篇幅的限制而没有在正文部分过多描述的内容，如营业执照等相关资质材料、一些实用表格、组织机构图标、团队成员的个人简历、财务报表、市场调查问卷及结果、辅助性资料证明等，使其成为正文的有益补充或可靠证据，供投资者和其他阅读者参考。

课后实践

在互联网上搜集一份他人制作的创业计划书，分析此创业计划书的亮点和不足之处，并站在投资者的角度提出修改意见。

参 考 文 献

［1］马英红，赵湘轶.高校创新教育理论与实践［M］.北京：清华大学出版社，2022.

［2］熊俐.创新与创业指导（微课版）［M］.北京：人民邮电出版社，2023.

［3］李肖鸣，孙逸.中职生创业指导［M］.北京：清华大学出版社，2020.

［4］杨宁，张国庆，董随东.中职生创新创业指导［M］.北京：化学工业出版社，2022.

［5］段威，李真，张林丽.中职生创新创业教育［M］.北京：北京理工大学出版社，2022.

［6］刘昌伟，司继明，殷炳元.中职生创新与创业［M］.济南：山东人民出版社，2019.